Erwin Kräutler

Mein Leben
für Amazonien

Erwin Kräutler

in Zusammenarbeit
mit Josef Bruckmoser

Mein Leben
für Amazonien

An der Seite
der bedrängten Völker

Tyrolia-Verlag · Innsbruck-Wien

Mitglied der Verlagsgruppe „engagement"

Bibliografische Information Der Deutschen Nationalbibliothek
Die Deutsche Nationalbibliothek verzeichnet diese Publikation in der Deutschen
Nationalbibliografie; detaillierte bibliografische Daten sind im Internet über
http://dnb.d-nb.de abrufbar.

© 2014 Verlagsanstalt Tyrolia, Innsbruck
Umschlaggestaltung und Layout: Tyrolia-Verlag, Innsbruck
Umschlagfoto: Andrea Frischauf, Innsbruck, © Tyrolia
Bildnachweis: Alle Erwin Kräutler/Archiv Prälatur Xingu, ausgenommen: Fotolia (S. 49
oben), SEI SO FREI/Wolfgang Heindl (S. 49 unten, S. 107, S. 109, S. 111 oben und
unten, S. 197–199), Josef Bruckmoser (S. 54 oben und unten, S. 194 oben und unten,
S. 196 oben und unten), Andreas Praher (S. 55 unten), Kommunikation Right Livelihood
Award (S. 56 unten), L'Osservatore Romano (S. 200)
Bildbearbeitung: Artilitho, Trento (I)
Druck und Bindung: Theiss, St. Stefan im Lavanttal
ISBN 978-3-7022-3387-7 (gedrucktes Buch)
ISBN 978-3-7022-3388-4 (E-Book)
E-Mail: buchverlag@tyrolia.at
Internet: www.tyrolia-verlag.at

Inhaltsverzeichnis

Vorwort

Erwin Kräutler hat die Entwicklung von Kirche und Gesellschaft in Lateinamerika seit dem Zweiten Vatikanischen Konzil intensiv erlebt und nachhaltig mitgestaltet. Kein anderer Österreicher kann diese Geschichte so authentisch erzählen wie der gebürtige Vorarlberger. „Dom Erwin" ist zum Inbegriff für das Lebensrecht der indigenen Völker in Amazonien und für die Bewahrung ihrer Mitwelt geworden. Mit diesem persönlichen Einsatz steht er Wirtschaftsbossen und Landräubern im Weg, die mehrmals nach seinem Tode getrachtet haben.

Die Bischofsstadt Altamira an der Transamazônica im Bundesstaat Pará ist ein Brennpunkt der gesellschaftlichen und sozialen Konflikte in Brasilien. Der Stausee des riesigen Kraftwerks Belo Monte setzt ein Drittel der Stadt unter Wasser. Bis zu 40.000 Menschen verlieren ihre Häuser und ihre Existenz am Flussufer des Xingu. Über diese dramatische Entwicklung hat der Bischof in einer exklusiven Audienz am 4. April 2014 in Rom auch Papst Franziskus informiert.

Erwin Kräutler sagt von sich selbst „Ich bin Brasilianer, in Österreich geboren". Jahr für Jahr pflegt er den Kontakt zu seiner Familie sowie zu Freunden und Unterstützern in ganz Österreich. Selbstbesteuerungsgruppen und die Aktion SEI SO FREI der Katholischen Männerbewegung tragen die Seelsorge, die Bildungsarbeit und die Sozialprojekte in der Prälatur Xingu maßgeblich und dauerhaft mit.

Seit fünf Jahrzehnten ist der Ordensmann, der am 12. Juli 1939 in Koblach geboren wurde, ein Wanderer zwischen den beiden Welten. Die doppelte Staatsbürgerschaft von Österreich und Brasilien eröffnet ihm über den 75. Geburtstag hinaus hüben wie drüben alle Möglichkeiten. Die Geschichte der Prälatur – von der Mission über die Befreiungstheologie und die Basisgemeinden bis zur Kirche des Volkes Gottes – harrt einer Aufarbeitung. Die Brasilianische Bischofskonferenz kann angesichts neuer Bedrängnisse für die indigenen Völker nicht auf die Expertise ihres langjährigen „Indio-Bischofs" verzichten. Zahlreiche Gemeinden in Österreich freuen sich, wenn ihre Jugendlichen einem menschlich beeindruckenden und spirituell tief in der Bibel verankerten Firmspender begegnen.

Dieses Buch zeichnet ein halbes Jahrhundert Leben in Amazonien nach. Es handelt vom Österreicher in Brasilien, vom bedrängten und verfolgten Freund der Armen und der Indios sowie vom Verkünder einer befreienden, frohen Botschaft. Zwei Tage lang hat Erwin Kräutler mir dafür in Koblach aus seinem reichen und erfüllten Leben erzählt. Dazu kamen wichtige Dokumente, Ansprachen und Predigten aus seinem unerschöpflichen persönlichen Archiv. Nachhaltig spiegeln sich in Text und Bild auch meine persönlichen Eindrücke von einer zehntägigen Projektreise in Amazonien. Wolfgang Heindl hat diese Begegnungen an den Wirkungsstätten des Bischofs in Altamira, an der Transamazônica und am Xingu umsichtig vorbereitet und begleitet.

Aus diesen Quellen habe ich als Co-Autor ein Manuskript verfasst. Bischof Erwin selbst hat den Text zuletzt in tagelanger Kleinarbeit ergänzt, präzisiert und vervollständigt. Mit vereinten Kräften ist auf diese Weise „Amazonien, mein Leben" entstanden.

Salzburg, im April 2014
Josef Bruckmoser

ERSTES
KAPITEL

Mein halbes Jahrhundert
am Xingu

1. Von Koblach über Salzburg nach Amazonien

Aufgewachsen in Vorarlberg – mit der KAJ

Ich bin in Koblach 153, heute Dorf 48, in Vorarlberg geboren und aufgewachsen. Dort hat mich schon früh die Erfahrung mit der KAJ, der Katholischen Arbeiterjugend, sehr geprägt. Obwohl Student, habe ich in den 1950er Jahren in Koblach die KAJ mitbegründet. In den Ferien habe ich auf dem Bau gearbeitet. Unsere Familie war eine Großfamilie mit sechs Kindern. Der Vater war Alleinverdiener. Damit ich auch selbst einmal etwas in der Tasche hatte, nutzte ich die Schulferien, um etwas Geld zu verdienen. So bin ich mit der Arbeiterschaft in Kontakt gekommen, mit den Bauarbeitern und habe mich mit ihnen befreundet. Diese Freundschaften halten bis heute an.

Sehr beeindruckt haben mich in meiner Gymnasialzeit die französischen Arbeiterpriester. Irgendjemand, ich weiß absolut nicht mehr, wer es war, gab mir den Roman *Die Heiligen gehen in die Hölle* von Gilbert Cesbron zu lesen. Der Roman erzählt, wie der Priester Pierre sich entschloss, in der Banlieue von Paris mit Fabrikarbeitern zusammenzuleben, und selbst Fabrikarbeiter wurde. Hautnah erlebte er die familiären und Einzelschicksale der Arbeiter und bewies in einem vom Klassenkampf geprägten Milieu, dass die Liebe mächtiger ist als aller Hass. Ich war begeistert von dieser Art, Priester zu sein. Es gab auch in Vorarlberg einige Priester, die in diese Richtung gegangen sind. Sie waren keine Arbeiterpriester im engeren Sinne, aber sie waren für mich Vertreter einer Kirche, die heruntersteigt. Das war genau das, was ich mir damals von der Kirche erwartet habe, dass sie herabsteigt und im Arbeitermilieu landet.

Ich habe in Vorarlberg ganz konkret die Probleme der Arbeiter erfahren, ich möchte fast sagen, ihre Orientierungslosigkeit. Man kann sich das heute nicht mehr so vorstellen, aber jeder Arbeiter hat etwas gesucht, jeder wollte, dass sein Leben gelingt. Gleichzeitig hat aber jeder erlebt, dass er als Arbeiter zur untersten Kategorie in der Gesellschaft gehörte – „Wir sind eben nur Maurer, Baraber, Handlanger".

Damals war Vorarlberg Ziel einer „Völkerwanderung" aus Kärnten, der Steiermark, dem Burgenland und Oberösterreich. Viele junge Leute kamen aus diesen Bundesländern, weil in Vorarlberg die Textilindustrie blühte und sie deshalb hier Arbeit fanden. Sie hießen einfach „Kärntner", „Steirer" oder „Burgenländer". Man ließ sie spüren, dass sie von jenseits des Arlbergs kamen und nicht zum „Ländle" gehörten, wie wir Vorarlberger unsere Heimat nennen. Wir sind Alemannen, und die anderen waren keine Alemannen. Ich möchte nicht sagen, dass man diese Menschen deshalb respektlos behandelt hätte, aber man hat es ihnen schwergemacht und sie haben sich schwergetan, Zugang zu finden. In der KAJ aber haben wir sie herzlich aufgenommen. Es sind viele Freundschaften entstanden. Es gab sogar Hochzeiten.

Schon vor der Matura ist mir der Gedanke gekommen, dass ich nicht nur als Arzt den Menschen zur Seite stehen könnte, sondern auch als Priester. Ich habe dann wider alle Erwartungen von Mitschülern und Lehrern bei der Matura die schwarze Rose aufgesteckt. Das war das Zeichen, dass ich Theologie studieren werde. Auch meine Familie war einigermaßen überrascht. Der Vater hat letztendlich nur gesagt: Alles in Ordnung, aber mach mir keine Schande! Die Mutter sagte nichts, aber ich spürte, wie sie sich über meine Entscheidung freute.

An die Mission hatte ich vorerst nicht gedacht. Aber auch Diözesanpriester zu werden war für mich eigentlich kein Thema. Wenn Priester, dann Ordenspriester. Ich habe mir zum Beispiel vorgestellt,

Jesuit zu werden. Aber dann hat mein Onkel Erich Kräutler – er war seit 1934 in Amazonien und von 1971 bis 1981 Bischof der Prälatur Xingu – erfahren, dass ich Priester werden wollte, und er ließ mir sagen: Wenn schon, dann kommst du zu uns. Was ja nicht ganz unlogisch war. Ich hatte zudem ein paar Freunde, die in die Kongregation vom Kostbaren Blut eingetreten sind. Das alles war entfernt mit dem Gedanken der Mission verbunden, die man sich damals so vorgestellt hat: Ich gehe nach Übersee, helfe den Armen und verkünde das Evangelium.

So bin ich nach der Matura 1958 in Schellenberg, Liechtenstein, bei den Missionaren vom Kostenbaren Blut eingetreten und habe dort das Noviziat gemacht. 1959 begann ich in Salzburg mein Universitätsstudium. Ich machte in Philosophie das Lizenziat, dann habe ich Theologie studiert. Dabei bin ich manchmal sehr unsicher geworden, ob das mein Weg ist. Ich bin nicht mit einem Hurra zum Priesterberuf durchmarschiert. Die Entscheidung für die Weihe habe ich aber ganz bewusst gefällt. Ich bin vom damaligen Salzburger Weihbischof Eduard Macheiner am 16. Dezember 1964 zum Subdiakon und am 18. Dezember zum Diakon geweiht worden.

Im Jänner 1965 begann ich dann zu überlegen, wie und vor allem wo es weitergeht. Ich hatte bemerkt, dass die Vorgesetzten der Kongregation wollten, dass ich weiterstudiere, und zwar Altphilologie: Griechisch und Latein. Ich mag beide Sprachen bis heute sehr gern, aber ich habe mich gefragt, ob ich dafür Priester werden muss? Dann kam mir der Gedanke: Ich gehe nach Brasilien. Denn in Österreich gab es damals noch genügend Priester. So ging ich zum Provinzial und sagte ihm schlicht und einfach: Lieber Pater Provinzial, ich würde gern nach Brasilien gehen, an den Xingu. Der Provinzial sah mich an und erwiderte kurz: Ich bin der Meinung, dass wir unsere jungen Leute dorthin schicken sollen, wo es wirklich brennt.

Das Konsultorium der Provinz war aber noch nicht ganz einverstanden. Einer von den Konsultoren meinte, ich würde hier in der Provinz benötigt, und wollte deshalb die Entscheidung von einer Untersuchung abhängig machen, ob ich überhaupt tropentauglich sei. Ich wurde also nach Mindelheim in der Nähe von Memmingen in ein Krankenhaus geschickt. Dort hat man mich auf Herz und Nieren geprüft. Ich wusste jedoch, dass ich gesund war. Ich bin damals Ski gefahren, war Bergsteiger und war nie ernstlich krank. Am Schluss der ganzen Untersuchungsbatterie hat der Chefarzt gesagt: Sie sind mehr als tropentauglich, Sie sind ein kerngesunder Vorarlberger. – Danke, genau das wollte ich hören.

Ab 1963 hat auch das Zweite Vatikanische Konzil (1962–1965) ein wenig mitgespielt, vor allem der Gedanke des geschwisterlichen Teilens in der Weltkirche: Wenn wir hier in Europa viele Priester haben, dann haben wir den Auftrag, dorthin zu gehen, wo es nur wenige gibt. Der Salzburger Dogmatiker Ferdinand Holböck hat sich in seinen Vorlesungen bereits mit dem Konzilsdokument *Sacrosanctum Concilium* auseinandergesetzt, der Konstitution über die heilige Liturgie, die am 4. Dezember 1963 verabschiedet worden war. Unter den Theologiestudenten verbreitete sich eine große Begeisterung, eine wahre Aufbruchsstimmung.

Auch unser Missionsverständnis änderte sich. Wir wollten eine Kirche, die volksnahe ist, die nicht abgehoben ist. Wir wollten Priester werden, die nicht über dem Volk stehen, sondern bei den Leuten und mit den Leuten sind. Aber selbstverständlich war der Priester damals eine angesehene Persönlichkeit. Diese Hochachtung habe ich besonders bei der Primiz erfahren. Als ich nach meiner Priesterweihe als „Pater Erwin" in meine Heimatgemeinde Koblach kam und meine erste heilige Messe feierte, war das ganze Dorf auf den Beinen. Ältere Leute erzählen heute noch davon. Wir feierten den Gottesdienst schon am Volksaltar, allerdings noch in lateinischer Sprache. Die Wandlungsworte habe ich aber nicht leise vor mich hingesagt, wie das damals üblich war, sondern ich habe sie laut gesprochen. Mein Heimatpfarrer Alfred Bildstein, der mir bei der Primiz assistierte, meinte nach dem Schlusssegen: Du hast aber Mut! Dom Clemente Geiger, mein erster Bischof in Brasilien, vertrat die Ansicht, die Lesungen und andere Texte würden in Zukunft wohl portugiesisch sein, aber das eucharistische Hochgebet mit den Wandlungsworten würde für immer und ewig lateinisch bleiben.

Alles ging dann sehr schnell. Ich habe am 3. Juli 1965 in Salzburg die Priesterweihe empfangen und habe die anschließenden Wochen in Salzburg, Vorarlberg, in Liechtenstein, der Schweiz und im süddeutschen Raum verbracht. Ich war viel unterwegs. Befreundete Brautpaare luden mich ein, sie zu trauen. Zwei Mal hielt ich eine Bergmesse auf dem Hohen Freschen. Bis ich dann am 2. November, am Geburtstag meines Vaters, von meiner Familie Abschied nahm. Ich fuhr mit dem Zug von Feldkirch nach Hamburg. Am 4. November 1965 ging ich an Bord der Emsstein der Norddeutschen Lloyd, die mich nach Brasilien brachte.

Am 18. November 1965, um vier Uhr nachmittags, betrat ich in São Luís do Maranhão das erste Mal brasilianischen Boden. Diese Uhrzeit erinnerte mich an die Stelle des Johannesevangeliums, die beschreibt, wie zwei Jünger Jesus das erste Mal begegneten: „Es war um die zehnte Stunde" (Joh 1,39), heißt es dort, also um vier Uhr nachmittags. Die Emsstein hatte in São Luís einen Teil ihrer Fracht zu löschen. So war ich einige Tage bei den Franziskanern im Stadtteil „Alemanha" (Deutschland) zu Gast. Die Reise ging dann weiter bis nach Belém do Pará, wo die Emsstein um Mitternacht vom 24. auf den 25. November festmachte. Am frühen Morgen des 25. November kam Pater Fritz Tschol an Bord, um mich willkommen zu heißen. Er war in Belém, um eine Malaria auszukurieren.

Mitten im Bundestaat Pará in Amazonien liegt die Präaltur Xingu von Erwin Kräutler. Dieses Bistum ist mit 360.000 Quadratkilometer vier Mal so groß wie Österreich und das flächenmäßig größte Brasiliens. Das Bistum erstreckt sich vom Bundesstaat Amapá im Norden bis in den Bundesstaat Mato Grosso im Süden.

Im Hintergrund meiner Entscheidung für den Xingu stand die Spiritualität unserer Kongregation „vom Kostbaren Blut". Ich habe diese nie nur als eine Andacht, als bloße Verehrung des kostbaren Blutes Jesu verstanden. Die Spiritualität meiner Kongregation gründete für mich im Johannesevangelium, Kapitel 13, Vers 1: „Da er die Seinen, die in der Welt waren, liebte, liebte er sie bis zur Vollendung." Griechisch steht hier „eis telos". Das heißt nicht nur bis zum chronologischen Ende, sondern „bis zum Äußersten". Das letzte Wort Jesu am Kreuz im Johannesevangelium hat genau dieselbe Wurzel. Wir übersetzen das mit „Es ist vollbracht", aber das griechische „tetelestai" ist so zu umschreiben: Jetzt ist mein Leben bis ans Äußerste gelangt. Genau diese beiden Verse, Joh 13,1 zusammen mit Joh 19,30, sind für mich die Basis der Spiritualität unserer Gemeinschaft. Das Blut ist Zeichen des Bundes und der Hingabe bis zum Letzten. Dazu gehört auch die Stelle im Ersten Johannesbrief 3,16: „Daran haben wir die Liebe erkannt, dass er sein Leben für uns eingesetzt hat. Auch wir sind es schuld, unser Leben für die Schwestern und Brüder einzusetzen." Man kann von unserer Kongregation tatsächlich sagen: Sie hat sich entschieden, an den Xingu zu gehen, weil niemand dorthin wollte.

Der in Deutschland geborene Bischof von Santarém, Dom Amando Bahlmann OFM (1862–1939), war in den 1920er Jahren nach Europa gekommen und hatte Seelsorger für den Xingu gesucht. Der Xingu hatte den Ruf, eine Region wilder Indios und fauchender Leoparden und dazu noch von allen möglichen Tropenkrankheiten verseucht zu sein. Da wollte niemand hin. Aber unsere Kongregation hat sich entschieden, die Region am Xingu seelsorglich zu betreuen. Das war am Anfang sehr hart. Mehrere junge Priester starben nach wenigen Jahren. Malaria und andere Krankheiten haben sie dahingerafft. Es gab kaum Medikamente dagegen. Ich fühle mich mit diesen Mitbrüdern aus unserer Gemeinschaft, die ihr junges Leben hingegeben haben, sehr verbunden.

Damals gab es am Xingu keine anderen Priester als meine Mitbrüder von der Kongregation. Ich habe Pater Fritz Tschol von St. Anton am Arlberg erst in Brasilien kennengelernt. Er ist inzwischen 85 Jahre alt. Bald ans Herz gewachsen ist mir auch Bruder Hubert, der später einem Mordanschlag zum Opfer fallen sollte. Er war ein guter Mensch und ein Faktotum. Er hat von der Automechanik bis zum Buchdruck alles gemacht. Ein Ordensbruder, wie er im Buche steht. Als er ermordet wurde, sind sehr viele Menschen gekommen, um sich von ihm zu verabschieden, auch viele, die ich nie in einer Kirche gesehen habe. Viele von ihnen gehörten zu einer anderen Glaubensgemeinschaft. Bruder Hubert hatte nie nach dem Glaubensbekenntnis gefragt. Er hat geholfen, wo Hilfe nötig war.

Altamira, der Bischofssitz der Prälatur Xingu, war 1965 eine Kleinstadt mit vielleicht 5000 Einwohnern. Während der Woche ist seelsorglich – so wie man Seelsorge damals verstanden hat – nicht viel los gewesen. Die priesterliche Tätigkeit hat sich auf Freitag, Samstag, Sonntag konzentriert. Daher habe ich angefangen, in der Lehrerbildungsanstalt zu unterrichten, weil sie dort dringend Lehrer brauchten. Die Ordensschwestern sind zu mir gekommen und haben gesagt: Du hast doch studiert, du kannst doch unterrichten. Ich habe gesagt, ich habe Philosophie gemacht. Sie wollten wissen, ob da Psychologie auch dabei gewesen sei. Ich habe gesagt, ja selbstverständlich, ich habe ein Diplom. Damit bekam ich auch gleich meine Unterrichtsfächer anvertraut: Erziehungsphilosophie und Erziehungspsychologie. Für mich war das eine der schönsten Zeiten meines Lebens. Ich habe mit meinen Schülerinnen und Schülern eine sehr enge Verbindung gehabt. Mit vielen besteht sie heute noch, auch wenn sie längst Omas und Opas sind. Meine Jugendarbeit als Priester hat dort begonnen und meine Erfahrungen aus der KAJ haben mir dabei sehr geholfen.

Als junger Priester in die „Mission" gesandt

Ich bin im November 1965 in Brasilien in eine Kirche und eine Seelsorge hineingekommen, die stark vom Sakramentalismus geprägt war. Ich erinnere mich an den 27. Dezember 1966. Da habe ich den ganzen Tag lang die Taufe gespendet, nach dem alten Ritus, der noch viel länger gedauert hat. Am Morgen feierte ich dazu noch den Gottesdienst, um 5 Uhr Nachmittag war eine Prozession und am Abend gab es einen weiteren Gottesdienst, und zuvor noch Beichtgelegenheit. Gegen 22 Uhr bin ich ins Pfarrhaus gekommen und habe zum Bischof gesagt: Dom Clemente, ich bin absolut nicht mehr in der Lage, mein Brevier zu beten. Da hat er geantwortet: Für heute bist du dispensiert, heute hast du wirklich viel für das Reich Gottes gearbeitet. 104 Kinder sind getauft worden, sind zu Christen geworden.

Für mich war das ein großer Frust. Nicht die Taufen als solche, aber die Art und Weise, wie wir sie gespendet haben, gleichsam in einer Massenabfertigung. Die Kinder waren zum Teil schon zwei, drei Jahre alt. Sie waren sehr unruhig, und Eltern und Paten waren kaum auf die Taufe vorbereitet. Es hat einfach zum guten Ton gehört, dass man die Kinder taufen lässt. Die Taufpaten wurden oft im Schnellverfahren angeheuert. Ich habe mir gedacht: Diese Menschen kommen aus dem Busch, tagelang sind sie hierher gerudert, und dann gehen sie zurück und haben das ganze Jahr lang keine Gemeinschaft, keine christliche Gemeinde. Das kann es nicht sein! Sakrament ja, aber da muss eine Gemeinde dahinterstehen.

Bis 1967 sind wir Priester im Talar aufgetreten. Wir waren irgendwie abgehoben von den Menschen. Eines Tages haben wir von Strömungen in der Nachbardiözese Santarém erfahren, dass sie mit den Leuten eine Gemeindearbeit aufbauen wollten. Schon 1968 kam mit der Bischofsversammlung von Medellín der Ankick. Medellín war ein Meilenstein für Lateinamerika und die Bischöfe von Amazonien waren die ersten, welche die Beschlüsse von Medellín konkretisieren wollten. Das geschah zunächst 1972 in der wegweisenden Versammlung der Bischöfe Amazoniens in Santarém. Wir hatten erlebt, dass das Konzil bei der Versammlung der lateinamerikanischen Bischöfe in Medellín in die konkrete Realität von Lateinamerika übertragen wurde. Jetzt sollten die Richtlinien von Medellín auf die Situation von Amazonien angewendet werden. Im Grunde ging es um die Frage, wie wir das Konzil in Amazonien verwirklichen können.

Um diese Zeit, Anfang der 1970er Jahre, wurde die Transamazônica quer durch den Urwald geschlagen. 1972 ist auch der CIMI (Conselho Indigenista Missionário) gegründet worden, der Rat der Brasilianischen Bischofskonferenz für die indigenen Völker. Da ging es schon sehr stark um einen gemeinsamen Weg mit den indigenen Völkern und darum, dass wir nicht gekommen waren, um diese Völker zu missionieren, sondern um das Evangelium in ihrer Mitte „Fleisch werden" zu lassen. Es ging um eine „Inkarnation". Es ging darum, den indigenen Völkern, die immer am Rande der Gesellschaft waren, damals wie heute, die frohe Botschaft zu verkünden, gemäß dem Missionsdekret des Konzils: „Die Kirche ist von Christus gesandt, die Liebe Gottes allen Menschen und Völkern zu verkünden und mitzuteilen" (AG 10). Was heißt das, Menschen am Rande, die gleichsam schon vom Tod gezeichnet sind, die Liebe Gottes zu verkünden und mitzuteilen?

Die Transamazônica hat dem Lebensraum dieser Völker große Wunden geschlagen. Das war der erste Großangriff auf Amazonien. Und zwar ganz bewusst. Die Militärregierung betonte, es handle sich um ein strategisches Projekt, weil Amazonien die Achillesferse für die Verteidigung von Brasilien sei. Daher wurden gleichzeitig große Kasernen an der Transamazônica gebaut, eine davon in Altamira, auf einer Anhöhe mit einem entzückenden Blick auf den Xingu.

Welche Einstellung die Regierung zu den indigenen Völkern hatte, zeigte ein Ausspruch des brasilianischen Präsidenten der damaligen Militärdiktatur, Emílio Garrastazu Medici. Er sprach von Amazonien als Land ohne Leute. Die indigenen Völker waren für ihn nicht vorhanden. Tatsache ist aber, dass die indigenen Völker die ältesten Bewohner von Brasilien sind. Sie haben wohl keine Hochkultur gehabt wie die Inkas oder die Azteken. Sie waren Sammler und Jäger. Aber bis heute erinnern Felsenmalereien, Höhlenmalereien in unserem Bundesstaat Pará an Völker, die hier schon vor 40.000 Jahren siedelten.

Auch als Kirche waren wir bei meinen ersten seelsorglichen Reisen in die Gemeinden, 1966/67, noch nicht direkt bei den armen

Menschen. Es war vielmehr üblich, dass der Priester, wenn er in die Gemeinde kam, im Haus des Patrons gewohnt hat. Der Patron war so etwas wie ein Landvogt, dem Land und Leute „gehörten". Die Menschen, die für ihn arbeiteten, waren so etwas wie Leibeigene. Nie sahen sie „die Farbe des Geldes". Sie erhielten für ihre Arbeit keinen Lohn in Form von Geldscheinen, sondern nur das Notwendigste zum täglichen Leben, vom Salz angefangen bis zum Öl oder was immer sie benötigt haben.

Es war eben Brauch, dass der Priester im größten Haus einkehrte, das es gab, also beim Patron. Er wurde dort herzlich empfangen und gut bewirtet. Der Patron ließ am Abend seine Leute kommen und hielt sie an, zur Beichte zu gehen. Tatsächlich stand dann eine lange Schlange zur Beichte an. Der Patron selbst war nicht unter den Beichtkindern, aber er hat mir aufgetragen, den Leuten bei der Beichte ins Gewissen zu reden, dass sie die Produkte nur an ihn liefern und nicht an andere verkaufen dürften. Denn sie würden ja ohnehin alles, was sie zum Leben brauchten, von ihm bekommen. Daher benötigten sie auch kein Geld. Ich habe natürlich die Anweisungen des Patrons nie ausgeführt, und wenn er nachfragte, habe ich auf das Beichtgeheimnis verwiesen.

Bei diesen Besuchen haben wir Priester die Kinder getauft, die Brautpaare gesegnet und selbstverständlich mit den Leuten die Messe gefeiert. Dann sind wir an den nächsten Ort, zum nächsten Patron, weitergereist. Aber ab 1972, ab der Versammlung der Bischöfe Amazoniens in Santarém, waren die großen Häuser der Patrons plötzlich nicht mehr der Versammlungsort, sondern wir haben uns mit den armen Leuten am Flussufer unter irgendeinem schattenspendenden Baum oder in einer Baracke getroffen. Natürlich haben wir auch weiterhin Kinder getauft und Brautpaare gesegnet. Aber wir wiesen die Leute darauf hin, dass zu den Sakramenten das Gemeindeleben dazugehören muss. Ein getauftes Kind ist immer auch Mitglied einer christlichen Gemeinde.

Die Zuwanderung verschärfte
den seelsorglichen Notstand

Der seelsorgliche Notstand wurde durch den Bau der Transamazônica verschärft. Denn diese Straße quer durch Amazonien löste eine große Zuwanderungswelle in den nördlichen Teil von Brasilien aus. Wir waren in Altamira damals nur zwei junge Priester und wussten erst gar nicht recht, was wir tun sollten. Eines aber war uns klar, es ging zunächst schlicht darum, für diese Migranten, die irgendwie entwurzelt waren, da zu sein. Sie sollten spüren, dass es auch hier „Kirche" gab, zu der sie dazugehörten und die gerade für sie in ihrer vermeintlichen Heimatlosigkeit nicht aufgehört hat, Heimat zu sein. Wir besuchten und begleiteten die angekommenen Familien. Wir feierten Eucharistie und spendeten die Sakramente.

Und doch: Wie sollten wir tausende Menschen aus den verschiedensten Bundesstaaten nun seelsorglich begleiten? Immer mehr Gemeinden schossen wie Pilze aus dem Boden, an der Hauptstraße und an den Nebenstraßen, die alle fünf Kilometer nach Norden und Süden bis weit in den damals noch üppig wuchernden Busch vordrangen. Wie sollten wir angesichts dieser enormen Binnenmigration aus dem Nordosten, aus dem Süden und aus Zentralbrasilien nach Amazonien wirklich dem Auftrag Jesu nachkommen, mit den Menschen an der Transamazônica Eucharistie zu feiern? Wie sollten wir das feiern, was das Zweite Vatikanische Konzil in seiner Dogmatischen Konstitution *Lumen Gentium* als „Quelle" und „Höhepunkt des ganzen christlichen Lebens" (LG 11) bezeichnet hatte? Diese Aussagen des Konzils klangen für uns junge Priester alle so wunderbar, aber sie gingen – und gehen bis heute – mitleidslos an unserer Realität vorbei. Der größte Teil unserer Gemeinden und damit tausende Christinnen und Christen sind monatelang von dieser Quelle und dem Höhepunkt des christlichen Lebens ausgeschlossen.

In den Nachbardiözesen war die Situation nicht anders. Daher mussten die Bischöfe Amazoniens 1972 bei ihrer historischen Versammlung in Santarém im Kielwasser des Konzils und der lateinamerikanischen Bischofsversammlung von Medellín für Amazonien ein neues seelsorgliches Konzept entwickeln. Die „desobriga", die ausschließlich sakramentale Betreuung der Menschen entlang der Flüsse und Nebenflüsse, der Straßen und Nebenstraßen, griff pastoral entschieden zu kurz und war mit der im Konzil grundgelegten Kirche nicht mehr in Einklang zu bringen. Es ging jetzt um eine Kirche, die sich als das pilgernde Volk Gottes verstand, das miteinander unterwegs ist und in den Gemeinden lebt, wie *Lumen Gentium* gesagt hat: „In diesen Gemeinden, auch wenn sie oft klein und arm sind oder in der Diaspora leben, ist Christus gegenwärtig, durch dessen Kraft die eine, heilige, katholische und apostolische Kirche geeint wird" (LG 26).

Ohne Gemeindeleben werden Sakramente zu fast magischen Ritualen. Das Schlussdokument von Santarém spricht deshalb im Sinne des Konzils und der Bischofskonferenz von Medellín von der Notwendigkeit einer Inkarnation der Kirche in die Realität Amazoniens. Zwei Eckpfeiler wurden festgehalten: die Inkarnation, das heißt, die Kirche hat in Amazonien „das Fleisch", die Gestalt Amazoniens anzunehmen, und die „simplicidade", die Einfachheit. Der Klerus sollte einfach sein wie das Volk, nicht erhaben. Der Zugang zum Volk solle so sein, dass wir nicht von oben herab missionieren, sondern dass wir mit dem Volk zusammenleben.

Das erste Mal ist dabei in Amazonien das Wort Befreiung gefallen, der Gedanke, dass es um eine befreiende Evangelisierung gehe. Es sollte nicht um eine versorgende, sondern um eine befreiende Evangelisierung gehen. Die Erfahrungen und Anliegen der Leute an der Basis müssen berücksichtigt werden. Als Prioritäten des pastoralen Einsatzes wurden die Stärkung der kleinen kirchlichen Gemeinden – die später als Basisgemeinden bezeichnet wurden – und die damit verbundene Ausbildung der Laien gesehen. Frauen und Männer sollten befähigt werden, ihren Gemeinden vorzustehen, die Wortgottesdienste zu leiten, als Katechetinnen und Katecheten tätig zu sein und andere Dienste zum Wohl der Gemeinde zu übernehmen. Die Bibel, das Wort Gottes ist von zentraler Bedeutung in dieser Ausbildung. Dabei geht es darum, auf den Erfahrungen der Leute in den kleinen Gemeinden aufzubauen und diese durch das Wort Gottes immer mehr zu vertiefen. Die dritte Priorität waren die indigenen Völker, die vierte deren Bedrohung durch die Großprojekte der Regierung.

In unserer Prälatur war dieser Ansatz der Gemeindebildung ab 1972 mehr oder weniger beschlossene Sache. Wir waren sofort handelseins, denn so viele Priester sind wir ja nicht gewesen. Wir haben von den Leuten verlangt, dass sie sich als Gemeinde etablieren. Viele blühende Gemeinden sind wie Pilze aus dem Boden geschossen. Es war immer eine Freude, zu diesen Gemeinden zu kommen. Frauen und Männer haben die Leitung übernommen, haben Taufe und Hochzeiten und Kinder auf die Erstkommunion vorbereitet, und später, als ich schon Bischof war, die jungen Leute auf die Firmung.

Es war eine neue Art und Weise, Kirche zu sein. Manches davon ist zeitweise ein wenig abgeebbt, sobald es nicht mehr ganz neu war, aber im Grunde existieren die kleinen Gemeinden bis heute. In jüngerer Zeit sind daneben die charismatischen Bewegungen entstanden. Vor allem in der Stadt machen sich diese bemerkbar. Dort funktioniert die kleine Basisgemeinde nicht ganz so wie in den ländlichen Gebieten. Auf dem Land ist die Basisgemeinde eine soziale Größe. Da gehört man dazu, auch die jungen Leute treffen sich dort. Dort wird alles besprochen, bis hinein in die Politik.

Selbstverständlich läuft nicht alles friktionsfrei. Es hat zeitweise Polarisierungen gegeben. Vor allem vor Wahlen spielt in Brasilien die Parteipolitik eine große Rolle. Da bleibt kein Lebensbereich davon verschont. Es wird heftig diskutiert und gestritten. Man hat sogar gesagt, immer wenn Wahlen anstehen, zerschlägt der Wahlkampf die Gemeinden. Und der Priester muss den Scherbenhaufen nach der Wahl wieder kitten. Das ist auch tatsächlich oft und oft der Fall. Die Leute sagen, o. k., das war der Wahlkampf, das gehört dazu, aber jetzt möchten wir wieder gut zueinander sein.

Die größte Prozession in der katholischen Welt

Zu den erfreulichen Erfahrungen gehört eine jahrhundertelange Tradition der Volksfrömmigkeit, die unsere kirchliche Situation in Amazonien auch vom Süden Brasiliens unterscheidet. Im Süden kamen im 19. Jahrhundert europäische Einwanderer aus Polen, Deutschland, Italien und haben ihre Priester, die deutschen Lutheraner ihre Pastoren mitgebracht. Dort ist heute die kirchliche Situation ähnlich wie in Europa. Bei uns in Amazonien sind diese Einflüsse durch die Migration aus dem Süden Brasiliens in den vergangenen Jahrzehnten größer geworden, trotzdem ist die Art und Weise der Religiosität in Amazonien anders gelagert. Man merkt, dass durch Jahrhunderte oder zumindest durch Jahrzehnte kein Priester dagewesen ist. Die Leute haben ihre eigenen religiösen Empfindungen und Ausdrucksformen geschaffen und gepflegt, zum Beispiel durch Prozessionen und eine besondere Art von Heiligenverehrung.

In Belém gibt es seit mehr als zwei Jahrhunderten den „Círio de Nossa Senhora de Nazaré", die weltweit größte Prozession und Glaubensmanifestation der katholischen Kirche. Am zweiten Sonntag im Oktober wird ein kleines Bildnis Unserer Lieben Frau von Nazareth von der Kathedrale in Belém zur Basilika der „Nossa Senhora de Nazaré" getragen. Die Statue kommt vermutlich aus Portugal. Hunderttausende Gläubige begleiten die Marienstatue auf einer fünf Kilometer langen Strecke durch die Straßen der

Hauptstadt unseres Bundesstaates Pará. Weit mehr noch säumen die Straßen. Bis zu zwei Millionen Menschen sind hier vereint zur Verehrung der Jungfrau. Die ganze Stadt wird zu einem unendlichen Meer von Menschen.

In Altamira haben wir zwei Prozessionen. Die eine zu Ehren von São Sebastião am 20. Jänner, die andere am vierten Sonntag im Oktober auch zu Ehren Unserer Lieben Frau von Nazareth, der Patronin vom Xingu. Diese Prozessionen haben sich über Jahrhunderte erhalten, auch nachdem die Jesuiten aus der ersten Missionswelle vertrieben worden waren. Auch das Ave Maria und das Vaterunser wurden tradiert. Das hat heute den Vorteil, dass die Ausübung der Religion nicht ausschließlich vom Priester abhängt. Es gibt viele Frömmigkeitsformen, die in den Familien und Gemeinden weitergegeben werden.

Wenn ich mit den Gemeinden Gottesdienst feiere, dann sind mindestens die Hälfte junge Leute, viele jüngere Ehepaare mit den Kindern dabei. Kinder tanzen und springen manchmal in der Kirche herum, dass ich bei der Predigt aufpassen muss, den Faden nicht zu verlieren. Aber man geht am Sonntag in die Kirche. Das ist auch für die Jüngeren selbstverständlich. Es gibt Jugendgruppen, die zum Teil sozial, aber auch charismatisch ausgerichtet sind. Der Organisationsgrad war vielleicht vor ein, zwei Jahrzehnten ein wenig besser. Aber wenn der Priester in den Pfarrgemeinden einen Draht zu den jungen Leuten hat, dann sind sie auch da.

Die großen christlichen Feste des Jahres sind bei uns jahreszeitlich anders geprägt als in Europa. Zu Weihnachten ist es heiß. Das Leben spielt sich großteils auf der Straße ab. Oft geht es zu wie auf einem Jahrmarkt. Die Karwoche und Ostern unterscheiden sich insofern, als der wichtigste Tag in Brasilien der Karfreitag zu sein scheint. Der Karfreitag ist wirklich ein Tag, an dem alles ruht. In der Früh beginnt der große Kreuzweg, der quer durch die Stadt führt und mehrere Stunden lang dauert. Auch wer das ganze Jahr über nie in der Kirche ist, bei dieser Karfreitagsprozession ist er dabei. Um drei Uhr Nachmittag beginnt in allen Kirchen und Kapellen die offizielle Karfreitagsliturgie mit einer nicht aufhören wollenden Kreuzverehrung. Jede und jeder kniet vor dem Kreuz nieder und küsst eines der Wundmale Jesu.

Am Karfreitag sind tatsächlich mehr Menschen in den Kirchen als in der Osternacht. Die Leute haben einen tieferen Zugang zum Leiden, zum Schmerz, zum Tod. Dagegen können sie mit der Auferstehung oft weniger anfangen, schlicht und einfach, weil sie von Auferstehung in ihrem Alltag viel weniger erfahren. Ich denke, das ist psychologisch von der Situation her, in der unsere Leute leben, verständlich. Sie identifizieren sich mit dem leidenden Jesus, mit dem Gegeißelten, mit dem Dornengekrönten, mit dem unter dem Kreuz Gefallenen. Der glorreiche Jesus, der Auferstandene mit der Siegesfahne, ist ihnen nicht so nahe.

Trotzdem ist die Osternachtfeier immer ein tiefes Erlebnis. Es wird sehr viel gesungen, beim Gloria läuten die Glocken, wenn es solche gibt, Böller knallen und Raketen steigen. Das Halleluja wird zu einem wahren Jubelgesang. Die Leute haben Zeit. Man kann alle zwölf Lesungen vortragen. Das ist überhaupt kein Problem. Niemand schaut auf die Uhr. Beim Friedensgruß liegen sie sich in den Armen. Das geht dann ewig lang hin und her mit dem österlichen Wunsch „Feliz Páscoa!". Auch der Bischof umarmt die Leute und wird umarmt, er wünscht Frohe Ostern und empfängt den Ostergruß. Niemand darf übersehen werden. Es macht überhaupt nichts, wenn die Feier bis Mitternacht oder darüber hinaus dauert. In den kleinen Gemeinden schlafen die Kinder oft schon seit den Lesungen auf den Bänken oder am Fußboden.

Heute spüren wir zunehmend den Einfluss der Medien. Manche antikirchlichen oder antireligiösen Wellen, die in Europa nichts Neues sind, schwappen auch zu uns herüber. Oft sind die Universitäten Orte einseitiger Kritik an der Kirche von heute und in der

Vergangenheit. Nur die düstersten Seiten der Kirchengeschichte werden aufgerollt. Junge Leute kommen oft zu mir und sagen, sie verstünden die Welt nicht mehr. Wenn die Kirche Thema einer Debatte sei, würde nur von Kreuzzügen und Hexenverbrennungen gesprochen und kein gutes Haar an der Kirche gelassen. Ich weise dann darauf hin, dass jede Schwarzweißmalerei ungerecht ist. Es gab die Inquisition mit all ihren schrecklichen Auswüchsen, aber es gab in derselben Epoche auch einen Franz von Assisi (1181–1226) und seine Bewegung mit ihren positiven Auswirkungen bis zum heutigen Tag. Die Kirche hat auch große Fehler im Umgang mit den indigenen Völkern Amerikas gemacht. Diese Tatsache kann nicht ungeschehen gemacht werden. Aber andererseits war es dieselbe Kirche, die einen Antonio de Montesinos (1475–1540) und einen Bartolomé de Las Casas (1484–1566) hervorgebracht hat, die ihr Leben und all ihre Energie zur Verteidigung der indigenen Völker gegen die Ausbeutung vonseiten ihrer Landsleute einsetzten.

Bei allen Fehlern und Unzulänglichkeiten der Missionare in den vergangenen Jahrhunderten darf doch nicht vergessen werden, dass es Missionare gegeben hat, denen die Inquisition mit dem Scheiterhaufen drohte und die aufgrund ihres Einsatzes für die Indios ins Exil gejagt wurden. Der Schrei des Jesuitenpaters Antonio Vieira (1608–1697) in seiner berühmten Epiphaniepredigt 1662 vor dem portugiesischen Hof darf nicht überhört werden: „Sie wollen, dass wir die Heiden zum Glauben bringen und sie der Habgier ausliefern; sie wollen, dass wir die Schäflein zur Herde bringen und sie Herodes ausliefern. [...] Dieses ganze Land ist heute nach so wenigen Jahren verwüstet und verlassen, und von so vielen und so verschiedenen Bevölkerungsgruppen, von denen nur noch die Namen geblieben sind, sieht man heute nur noch Ruinen und Friedhöfe."

Und übrigens, was bringt es, Steine auf Missionare im Kontext vergangener Jahrhunderte zu werfen? Viel wichtiger ist es, heute die Rechte und Würde der in ihrem Überleben bedrohten indigenen Völker zu verteidigen. Es darf wirklich nicht vergessen werden, dass durch den Einsatz des Indigenen Rates der Brasilianischen Bischofskonferenz die Rechte der indigenen Völker in der Verfassung von 1988 festgeschrieben wurden und die katholische Kirche heute die einzige Institution ist, die sich ohne Abstriche gegenüber einer nachlässigen, gleichgültigen oder sogar anti-indigenen Regierung für die Rechte, die Würde und das Leben der indigenen Völker einsetzt.

In Brasilien geht viel auf der persönlichen Schiene. Es gibt kaum eine Familie, die nicht einen Priester oder Bischof zu ihren guten Bekannten zählt. Es kann jemand ein überzeugter Atheist sein, aber er ist trotzdem stolz darauf, mit einem Bischof oder Priester befreundet zu sein. Es ist mir selbst schon passiert, dass mir jemand sagt, er habe nichts am Hut mit der Kirche, aber er finde gut, was ich tue, und unterstütze die Anliegen, die ich verteidige.

Am Xingu bin ich jedes Jahr in jeder Pfarrgemeinde. Zum Teil eine ganze Woche, denn eine Pfarre ist ja immer die Summe von bis zu 80 Gemeinden. Zu Weihnachten bin ich nicht in Altamira, sondern immer am Unteren Xingu. Ich feiere mit den Leuten in Souzel die Christmette, am 25. Dezember ist dann die Firmung, denn wenn der Bischof kommt, ist Firmung, auch zu Weihnachten. Am Nachmittag fahre ich sechs Stunden flussabwärts nach Porto de Moz. Am nächsten Tag geht es weiter nach Gurupá, da ist dann am 27. Dezember das Fest des hl. Benedikt. Am 29. Dezember fahre ich nach Porto de Moz zurück. Dort höre ich in der Silvesternacht die Böller, aber den Dankgottesdienst feiern wir bereits um 20 Uhr. Am 2. Jänner geht es zurück nach Altamira. Die Leute in Altamira verstehen, dass ich nicht nur der Bischof von Altamira bin und daher nicht an allen Feiertagen am Sitz der Prälatur sein kann. Die Karwoche und Ostern verbringe ich aber immer in Altamira.

2. Ein Bischof und Pendler zwischen zwei Welten

„Ich bin Brasilianer, in Österreich geboren"

Seit nunmehr knapp fünf Jahrzehnten lebe ich in zwei Welten. Ich sage immer: Ich bin Brasilianer, in Österreich geboren. Wenn ich in Österreich bin, fühle ich mich zu Hause. Aber auch am Xingu fühle ich mich zu Hause. Ich lebe mein Leben in Brasilien. Aber meine Wurzeln habe ich nie verleugnet, ich liebe Koblach und das Ländle und habe eine ganz tiefe Beziehung zur Stadt Salzburg, wo ich studiert habe und geweiht worden bin. Ich fühle mich heute noch als Priester, der von seiner Heimat gesandt worden ist, um für die Indios und die anderen Menschen hier am Xingu da zu sein. Ohne die Rückendeckung aus meiner Heimat wäre vieles nicht möglich.

Wenn ich in Österreich bin, habe ich meist das Glück, die Kirche in besonderen Situationen zu erleben, etwa bei Firmungen. Da war und ist meist alles eitel Wonne. Ich habe oft sehr gute Gespräche in der Vorbereitung auf die Firmung geführt und gemerkt, da sind junge Menschen auf der Suche. Wenn die jungen Leute dann hören, dass ich in Amazonien lebe und mich für die Indios und den Regenwald einsetze, dann sind sie sehr aufgeschlossen, dann wollen sie genauere Informationen. Von manchen Firmlingen bekomme ich jahrelang E-Mails. Ein Mädchen schreibt, sie werde jetzt bald die Matura machen und sie hätte dieses und jenes im Sinne, und fragt mich, was ich dazu sage. Auch wenn ich es nur schwer schaffe, alle E-Mails zu beantworten, so achte ich doch sehr darauf, den Dialog mit meinen Firmlingen aufrechtzuerhalten.

Im Einzelnen kenne ich natürlich die Lebenswelt der jungen Leute in Österreich nicht mehr so gut. Wenn ich mehr mit ihnen zu tun hätte, würde ich mich zuerst einmal mit ihnen zusammensetzen und sie erzählen lassen. Ich würde sagen: Ich bin da, redet euch aus, über eure Nöte und Sorgen, aber auch über das, was euch freut, was euch begeistert. Bei den Gesprächen im Vorfeld der Firmung haben sie ihre Fragen meist schon vorbereitet. Da sind sie ganz ungeniert. Das ist herrlich. Wir waren als Jugendliche nicht so offen. Bestimmte Fragen haben wir nicht gestellt, schon gar nicht einem Pfarrer oder Bischof. Mir kommt vor, dass die jungen Menschen heute schon mit 13, 14 Jahren sehr eingespannt und überfordert sind. Es bleibt kaum Zeit für andere Lebensbereiche und ich kann auch verstehen, dass sie am Sonntag zuallererst einmal ausschlafen wollen.

Sehr großen Respekt habe ich vor den Priestern, die ich in Österreich und darüber hinaus im deutschsprachigen Raum kenne. Ich habe mir oft gedacht, dass sie in einer viel schwierigeren Situation sind als wir in Brasilien. Der Gesellschaft ist die Kirche oft ziemlich egal, viele gehen weg, treten aus. In den Medien herrschen kirchliche Skandale vor, für die der einzelne Seelsorger absolut nichts kann, die aber seine Arbeit schwer beeinträchtigen. Die Leute kommen zu ihm und sagen: Das kann doch nicht die Kirche sein, die wir wollen.

Größten Respekt habe ich auch vor den Religionslehrerinnen und Religionslehrern. Es ist unglaublich, was die oft an Kritik an der Kirche einstecken müssen, für Zustände, an denen sie selbst nichts ändern können. Trotzdem geben sie nicht auf! Manchmal erzählen mir solche Menschen aus ihrem Alltag und mir läuft es kalt über den Rücken. Das erlebe ich drüben nicht. Klar gibt es auch bei uns in Altamira junge Leute, für die die Kirche im Moment nicht interessant ist. Aber sie sind nicht unbedingt aggressiv. Dagegen habe ich in Österreich mit Religionslehrerinnen und Religionslehrern gesprochen, die ein Burn-out oder depressive Phasen erlebt haben, weil sie diese harsche Kritik nicht mehr ausgehalten haben.

Anstatt ihnen unendlich dankbar zu sein für ihren Dienst, werden sie vor die Tür gesetzt, wenn zum Beispiel in ihrer Ehe etwas schiefgeht. Eine Religionslehrerin steht jahrelang, vielleicht jahrzehntelang in der Klasse, macht verantwortungsvoll ihre Aufgaben. Dann wird sie von ihrem Mann verlassen oder lässt sich scheiden, weil es für sie so nicht mehr weitergehen kann. Wenn sie eine neue Beziehung eingeht, fliegt sie hinaus. Da komme ich nicht mit. Da wird am Ende noch viel mehr kaputt gemacht und Leid zugefügt, als solche Menschen ohnehin ertragen müssen.

Eine große Offenheit sehe ich den Gemeinden in Österreich. Die Menschen sind sehr interessiert, auch an unserem Schicksal in Brasilien, an der Bewahrung der Mitwelt in Amazonien. Wir könnten viele unserer Initiativen überhaupt nicht durchführen, wenn wir nicht diese tatkräftige und nachhaltige Unterstützung hätten. In dieser Solidarität, die über alle Grenzen und Einschränkungen hinweggeht, ist Österreich wirklich sehr vorbildlich. Das ist für uns eine Basis, ohne die wir nicht leben könnten.

Wir haben in Brasilien den Vorteil, dass diese Säkularisierungswelle, wie wir sie in Europa erleben, dort noch nicht angekommen ist. In dem Ausmaß, wie in Europa der Kirche Gegenwind teils ins Gesicht bläst, kennen wir das in Brasilien nicht. Ob das auch auf uns zukommt? Hoffentlich nicht so rasch. Wobei das Naturell der Brasilianer einen solchen Trend immer ein wenig abschwächen wird. Ich habe nie erlebt und könnte mir das auch nicht vorstellen, dass mich zum Beispiel ein Jugendlicher als Priester oder als Bischof angepöbelt hätte, weder in der Schule noch sonstwo.

Erholung finde ich, wenn ich jedes Jahr ein paar Wochen in Koblach bin. Ich liebe es, im Ried und im Wald zu gehen, und beginne oft bereits um fünf Uhr früh meinen Gesundheitslauf. Ich gehe schnell und bewältige fünf Kilometer in 45 bis 48 Minuten.

Meine Familienbande schätze ich sehr und bin froh darum. Wir sind sechs Geschwister, aber es gibt darüber hinaus die Großfamilie und es gibt den Ort, wo ich aufgewachsen bin. Da habe ich nach wie vor meine Beziehungen aus der Jugendzeit, die habe ich nie abgebrochen. Darüber bin ich sehr glücklich, frei nach Goethe: „Hier bin ich

Mensch, hier darf ich sein." Für meine früheren Hobbys bleibt mir aber kaum mehr Zeit. Früher bin ich in die Berge oder Ski fahren gegangen. Wenn ich in Vorarlberg bin, dann ziehe ich es heute vor, in der Ebene zu wandern. Steil hinauf tue ich mich schwer. Auch bin ich nicht mehr schwindelfrei. Ich weiß nicht, wie und warum ich es nicht mehr bin.

Ich bin 1965, also vor einem halben Jahrhundert, von daheim weggegangen. Aber für die Leute in Koblach bin ich bis heute nicht Bischof, sondern ich bin der Erwin. Da fühle ich mich gut. Ich fühle mich aber auch in Brasilien zu Hause, am Xingu, im Urwald. Das ist mein Umfeld. Ich bin Brasilianer und ich bin bis heute überzeugt, dass das mein Weg ist. Ich bin glücklich in Brasilien.

Ich habe beide Staatsbürgerschaften, die österreichische und die brasilianische. Ich wollte die österreichische Staatsbürgerschaft nie aufgeben. Das wäre für mich komisch, in Österreich sind meine Wurzeln, die ich nie vergessen habe. Ich bin nach wie vor immer wieder in Österreich und ich bin auch Österreicher. Aber ich lebe und arbeite in Brasilien und bin 1978 brasilianischer Staatsbürger geworden. Damals war ich noch nicht Bischof und ich war neben meiner spezifisch priesterlichen Tätigkeit auch im Schuldienst tätig. Ich musste meine Diplome vom Studium in Salzburg beglaubigen lassen. Dafür musste ich mich einer Nachprüfung in portugiesischer Sprache und Literatur unterziehen. Das habe ich gern gemacht und sage mit einem gewissen Stolz, dass ich die Note 9,5 erhalten habe, also ganz nahe an der Bestnote 10.

Außerdem musste ich eine Arbeit über die brasilianische Geschichte und Realität schreiben. Das habe ich gemacht und ich habe die entsprechenden Stempel bekommen und zunächst eine provisorische Lehrbefugnis für Erziehungspsychologie, -philosophie und -soziologie an der Lehrerbildungsanstalt. Nebenbei habe ich noch Englisch unterrichtet, weil kein Englischlehrer da war. Aber ich fand es irgendwie komisch, dass ich nur eine „provisorische" Lehrverpflichtung hatte und diejenigen, die ich ausbildete, sofort nach Abschluss der Studien eine ordentliche Lehrbefugnis bekamen.

Ich bin dieser Geschichte nachgegangen und die Erklärung war einfach: Ja, gut, Sie haben alle Diplome, das ist in Ordnung, aber was ihnen fehlt, ist die brasilianische Staatsbürgerschaft. Daraufhin ging ich zum österreichischen Botschafter in Brasilia und unterbreitete ihm mein Anliegen: Ich möchte gerne die brasilianische Staatsbürgerschaft annehmen, aber die österreichische nicht verlieren. Der Botschafter machte mir zunächst keine großen Hoffnungen. „Das ist sehr, sehr schwierig", sagte er in seinem oberösterreichischen Dialekt, „wenn Sie nicht Herbert von Karajan sind oder Karl Schranz, dann ist das sehr, sehr schwierig. Sie müssen für Österreich interessant sein."

Dann fragte er mich, woher ich käme. Das hätte er eigentlich aus meinem alemannischen Akzent erraten können. „Aus Vorarlberg", antwortete ich. „Ja, da schaut die Geschichte ein bisschen anders aus. Vorarlberg ist ja so klein, dass jeder jeden kennt! Da gibt es doch sicher einen Landtagsabgeordneten, der sich für Sie starkmacht." Als ich das nächste Mal nach Vorarlberg gekommen bin, habe ich bei einem Fest den späteren Landesstatthalter Siegi Gasser getroffen und ihn gefragt, ob er mir weiterhelfen könne. Er hat gemeint: Das machen wir doch sofort. Aber Sie müssen eben interessant sein für Vorarlberg. – Wie wird man das? – Was tun Sie denn drüben in Brasilien? – Ich unterrichte an der Lehrerbildungsanstalt, ich bin offiziell der Präsident des Alphabetisierungsprogramms, ich bin neben meinen priesterlichen Aufgaben in der Schule angestellt. – Gut, bitte schreiben Sie das alles zusammen.

Das Land Vorarlberg hat dann tatsächlich in Altamira bei der Lehrerbildungsanstalt angefragt, ob ich dort wirklich unterrichte und was ich sonst täte und sei. Auch der Bürgermeister von Altamira erhielt eine Anfrage. Der war natürlich voll des Lobes über mich. So bekam ich schließlich 1978 den Bescheid, dass ich im Falle der

Annahme der brasilianischen Staatsbürgerschaft die österreichische behalten dürfe.

In Brasilien war damals noch die Militärregierung am Ruder. Das war ein wenig gefährlich, weil ich Priester war. Ich musste zu einer Befragung durch einen Militär. Der hat mich ausgefragt, welche Literatur ich lese, was meine Hobbys sind. Da habe ich von Musik geredet, von Mozart und Salzburg, wo ich studiert hatte. Schließlich fragte er: „Was sagen Sie zu Che Guevara?" Er wollte sichergehen, dass ich kein Marxist bin. Ich habe geantwortet, dass ich gegen jede Art von Gewalt sei. Das hat ihn dann überzeugt. Schlussendlich wollte er noch wissen, ob ich verheiratet sei. – Nein. – Ob ich Kinder hätte? – Nein. – Er fragte, wo ich lebe und wohne. Ich wollte absolut nicht, dass er daraufkommt, dass ich Priester bin, denn wahrscheinlich wäre zur Zeit der Militärdiktatur mein Ansuchen um die brasilianische Staatsbürgerschaft deshalb im Archiv gelandet. So sagte ich einfach: „Bei den andern." Damit war das Gespräch zu Ende.

Am 7. Juli 1978 habe ich dann die brasilianische Staatsbürgerschaft erhalten. Das wurde im Bundesgesetzblatt veröffentlicht. Ich habe seither alle Rechte als Brasilianer, ich könnte Senator werden oder Minister, ich kann nur nicht Präsident werden und ich dürfte nicht in der ersten Klasse Volksschule unterrichten, weil man meint, dass ich wegen meiner Herkunft nicht akzentfrei Portugiesisch sprechen könnte. Allerdings sagen die Leute nie, dass ich einen Akzent hätte. Viele meinen, ich sei aus Santa Catarina, Paraná oder Rio Grande do Sul, und wundern sich, wenn ich sage, ich sei in Österreich geboren. – Das gibt es nicht, Sie sprechen ja akzentfreies Portugiesisch!

Die harte Lehre, durch die ich sprachlich gegangen bin, hat sich gelohnt. Die Ordensschwester, die mich Portugiesisch gelehrt hat, meinte gleich zu Beginn des Unterrichts: Du wirst so reden, wie die Leute hier reden. Sie hat mich einzelne Worte so lange wiederholen lassen, bis die Aussprache perfekt war. Dann bin ich ja bald an die

Schule gekommen und ich habe die Schülerinnen und Schüler sofort gebeten: Bitte, wenn ich einen Fehler mache, dann sagt mir das sofort. Denn in Brasilien ist es taktlos, jemanden auf einen sprachlichen Fehler aufmerksam zu machen. Wir reden in Amazonien ein schöneres Portugiesisch als die Brasilianer im Süden. Denn die haben alle einen Akzent, einen italienischen, einen deutschen oder den einer anderen Nationalität.

Die vier Wünsche an den Bischof Erwin

Erfreulicherweise darf ich sagen, dass meine Ernennung zum Bischof ganz so gelaufen ist, wie es im Kirchenrecht vorgesehen ist. Der Nuntius hatte eine Befragung in der ganzen Prälatur durchgeführt. Ich wurde dann durch ein Telegramm in die Nuntiatur gerufen. Ich sollte am 31. Oktober 1980 um 11.30 Uhr dort erscheinen, habe aber nicht gewusst, warum. Ich wusste nur, dass in der Prälatur eine Umfrage durchgeführt worden war, wer Bischof werden solle. Der Nuntius war ein Neapolitaner und schon ein alter Mann. Er hat mir einen Scotch servieren lassen, einen Brief aus seiner Rocktasche gezogen und gesagt: Für Sie! Ich habe den Brief gelesen, und das war die Ernennung zum Bischof am Xingu. Ich war überrascht, ja einigermaßen erschrocken. Der Nuntius erwiderte, der Heilige Vater vertraut auf Sie, bitte nehmen Sie die Ernennung an. Mir verschlug es die Stimme und ich ließ den Scotch stehen. Wahrscheinlich hat ihn inzwischen jemand abserviert.

Auf meinen Einwand, ich möchte schon vorher mit meinen Mitbrüdern darüber reden, antwortete der Nuntius, das habe er bereits im Vorfeld getan. Er habe Priester, Ordensfrauen und Laien befragt, und die Antwort sei eindeutig gewesen: Alle stünden hinter mir. Der Nuntius meinte, ich solle in die Kapelle gehen, eine Stunde beten, und dann zurückkommen und unterschreiben. Da habe ich ihm gesagt: Wenn das ohnehin so fix ist, dann unterschreibe ich lieber gleich und kann mich dann in Ruhe dem Gebet widmen.

Als ich nach Altamira zurückkam, fragten mich die Leute: Was hast du in Brasilia getan? Ich hatte aber Schweigepflicht bis zum 12. November, also fast zwei Wochen lang. Am 7. November ist die Ernennung im Vatikan offiziell erfolgt, aber erst am 12. November, 8 Uhr früh in Rom, 12 Uhr in Brasilien wurde sie veröffentlicht.

Da saß ich nun in Altamira und wusste nicht, wie mir war und was ich tun sollte. Gott sei Dank kam mir plötzlich eine Idee: Am besten wird es sein, du fragst die Leute. Ich berief also eine Versammlung ein und lud dazu die Priester ein, die Vertreterinnen und Vertreter der Ordensgemeinschaften und weitere Frauen und Männer aus den Gemeinden. In Gruppenarbeit überlegten und formulierten diese meine Leute ihre Wünsche an den soeben ernannten Bischof. Im Wesentlichen waren das vier Punkte:

- *Die Priester wollten, dass ich auch als Bischof der Pater Erwin bliebe, den sie seit Jahren kennen. Sie wollten keinen Bischof als höheres Wesen, sondern wünschten, dass ich meinen umgänglichen Stil beibehalte.*
- *Als Zweites wollten die Priester und Ordensleute, dass ich eine freundschaftliche Beziehung mit ihnen pflege. Sie wünschten sich, dass ich ihr Mitbruder bleibe, der ihnen keine Hirtenbriefe schreibt, sondern das Miteinander und die gemeinsame Verantwortung für die Kirche fördert und lebt.*
- *Die Laien haben mich mit ihrem Wunsch ganz besonders überrascht. Sie wünschten sich, dass ich ein betender Bischof sei, ein Mann Gottes. Sie wollten, dass ich ihnen ein Beispiel dafür gebe, dass für mich als Bischof Gebet, Meditation und Kontemplation das Fundament unserer Arbeit sein muss.*
- *Die Laien wünschten sich auch, dass ich kein Schreibtisch-Bischof sei, sondern hinausginge in ihre Gemeinden, damit ich am*

eigenen Leib erfahre, was sie in ihrem Alltag erleben. Ich möge
mit ihnen zusammen sein und sie anhören, damit ich ihre Le-
benssituation besser verstehen könne.

Das war für mich ein klarer Auftrag. Es wäre ohnehin nicht meine
Art gewesen, mein Bischofsamt vom Schreibtisch aus auszuüben.
Ich habe daher schon kurz nach der Weihe die ersten Termine in
den Gemeinden wahrgenommen. Ich bin am 25. Jänner geweiht
worden und nahm gleich Anfang Februar an meiner ersten Bischofskonferenz teil. Aber anschließend bin ich bald hinausgegangen in die Gemeinden.

Heute ist mein Verhältnis zu den jungen Priestern und Ordensleuten naturgemäß ein bisschen anders als damals zu meinen gleichaltri-
gen Mitbrüdern. Die heute Jungen könnten ja meine Kinder sein. Für
sie bin ich der Bischof, 1983 war ich für meine Mitbrüder der Erwin.
Aber ich habe als Bischof nur selten wirklich eingreifen müssen. In
zwei Fällen ist es um den Vorwurf pädophiler Tendenzen gegangen.
Ich machte den beiden klar, dass sie als Priester fehl am Platz sind,
und habe sie sofort suspendiert. In einem Fall kam der Priester vor
Gericht. Ein einziges Mal ist es um eine seelsorgliche Frage gegangen,
weil ein Mitbruder unbedingt ein deklariertes Mitglied einer Sekte
als Taufpate zulassen wollte. Ich habe gewusst, dass dieser Herr die
katholische Kirche immer wieder auf die gemeinste Art angriff. Die
ganze Pfarrgemeinde stand kopf und verurteilte die Entscheidung
des Pfarrers. Ich habe versucht, dem Mitbruder klarzumachen, dass
es unlogisch sei, einen Taufpaten zu wählen, der den katholischen
Glauben mit allen Mitteln bekämpfe. Er hat meine Argumente leider
nicht verstanden. Da musste ich wirklich Klartext reden.

Eine der schönsten Erfahrungen, die ich in meinem Leben machte, war die Art und Weise, wie mich die indigenen Völker angenommen haben. Meine kirchliche Heimat sind die kleinen Gemeinden.
Ich bin nur drei Monate im Jahr am Bischofssitz in Altamira. Sonst

bin ich immer unterwegs. Ich fühle mich unendlich wohl in diesen kleinen Gemeinden. Ich spüre, dass die Leute ihren Bischof gern mögen. Diese herzliche Verbundenheit ist für mich sehr wichtig – bis dahin, dass sie naturgemäß als Lateinamerikaner auch gern den Bischof parodieren. Was ich je gesagt oder getan habe, wird mit einer derartigen Fantasie ausgeschmückt, dass ich mich nur wundern kann. Aber nicht negativ. Manche können mich in einer Weise perfekt parodieren, dass ich selbst eingestehen muss: Ja, so rede und gestikuliere ich. Man redet ja in Amazonien viel mit Gesten, die Hände gehen beim Sprechen wie von selbst mit, viel mehr als in Europa, und das lässt sich dann trefflich nachahmen.

Ich würde mich auch selbst nicht als einen zu ernsten Menschen einstufen. Ernst schon in dem Sinne, dass ich Aufgaben ernst nehme. Aber nicht in dem Sinne, dass ich mit einem finsteren Gesicht herumlaufe. Das liegt mir nicht. Ich habe in Amazonien viel gelernt. Die Leute sind zwar arm und voller Sorgen, aber sie können dennoch herzhaft feiern und lachen und Witze erzählen. Sie machen sogar Witze über ihre eigenen Sorgen. Wenn die Leute auf mich zukommen, mich anlachen und umarmen, wie könnte ich da finster dreinschauen?

In der zweiten Klasse Gymnasium hat der Lateinlehrer beim Elternsprechtag zu meiner Mutter gesagt: Der Erwin sitzt da und träumt vor sich hin und weiß nicht einmal, warum er in der Bank sitzt. Er ist irgendwo, nur nicht bei der Sache. Schon mein Heimatpfarrer meinte, ich sei ein Träumer. Ja, ich träume immer noch! Und zwar von einer gerechten, geschwisterlichen, solidarischen Welt. Ohne Träume, ohne Utopien gibt es weder Politik noch Pläne und Wege für eine bessere Zukunft. Träume können auch anstecken. Wer denkt nicht an ein Wort meines verehrten und berühmten Erzbischofs Dom Hélder Câmara (1909–1999): „Wenn einer allein träumt, ist es nur ein Traum. Wenn viele gemeinsam träumen, ist das der Anfang einer neuen Wirklichkeit."

Jetzt bin ich in einem Alter, in dem ich schon wieder träume, oder vielleicht besser ausgedrückt, fantasiere. Wie wird es wohl sein, wenn ich als Bischof emeritiert bin? Am 12. Juli 2014 ist mein 75. Geburtstag, zu dem ich gemäß Kirchenrecht dem Papst meinen Rücktritt als Bischof einreichen muss. Ich habe keine Ahnung, wie lange es dauern wird, bis ich einen Nachfolger bekomme. Die regionale Bischofskonferenz hat mich beauftragt, ein Projekt zur Aufteilung des gigantischen Bistums am Xingu in drei Diözesen auszuarbeiten. So kann es sein, dass ich gleich drei Nachfolger bekomme, und käme damit als Bischof mit drei Nachfolgern ins Guinness-Buch der Rekorde.

Wenn es so weit ist, werde ich vermutlich teils in Brasilien, teils in Österreich leben. Ich werde sicher nicht meine Nachfolger in Altamira beschatten. In Europa bin ich immer wieder zu Firmungen eingeladen in Vorarlberg, Salzburg, Wien, Burgenland. Wenn ich in Koblach bin, könnte ich mir gut vorstellen, dass ich dem Bischof von Feldkirch, Benno Elbs, da und dort zur Verfügung stehe.

Aber auch in Brasilien habe ich viele Einladungen zu verschiedenen Anlässen. Es sind so viele, dass ich sie gar nicht alle annehmen kann. Diözesen ersuchen mich, Einkehrtage für Laien zu halten. Bischöfe bitten mich, Priesterexerzitien zu orientieren. Ordensgemeinschaften ebenso. Derzeit kann ich höchstens vier oder fünf solche Verpflichtungen pro Jahr annehmen. Sicher werde ich nach der Emeritierung mehr Freiheit, mehr Zeit dafür haben.

Außerdem sollte ich unbedingt das Archiv in Altamira in Ordnung bringen. Viele Leute wollen auch, dass ich über die Geschichte der Region am Xingu schreibe. Ich habe so viel Material, das gesichtet und geordnet werden muss, und dazu kommen noch meine persönlichen Aufzeichnungen im Zusammenhang mit meinem bischöflichen Dienst, mit vier Mandaten als Präsident des Indigenen Rates der Bischofskonferenz und als Sekretär der Bischöflichen Kommission für Amazonien. Stoff fehlt jedenfalls nicht.

„Lasst ihn los, er ist unser Bischof!"

Eine der einschneidendsten Erfahrungen war für mich der Konflikt an der Transamazônica. Schon bald nach der Fertigstellung dieser naturbelassenen Straße in den 1970er Jahren von Ost nach West quer durch Amazonien ist 1982/83 eine Fülle von Problemen der Menschen an der Transamazônica auf mich hereingestürzt. Die Realität ist inzwischen weniger konfliktreich, aber damals war es wirklich grausam, was die Leute erlebt haben. Es kam zu einer Großdemonstration, die nicht ich vom Zaun gebrochen habe, wie die Sicherheitsbehörden von Pará vermutet haben. Aber ich habe die Verzweiflung der Leute verstanden. Seit neun Monaten wurde ihnen der Lohn für die abgelieferte Zuckerrohrernte vorenthalten.

Am Pfingstmontag, dem 23. Mai 1983, blockierten die Zuckerrohrpflanzer zusammen mit ihren Frauen und Kindern die Transamazônica. Als ich davon erfahren habe, bin ich sofort hingefahren und tagelang dort geblieben, bis ich Fieber bekommen habe. Ich musste am 30. Mai zurück nach Altamira, der Arzt verschrieb mir Infusionen. Aber am 1. Juni informierte mich meine ehemalige Schülerin und nunmehrige Rechtsanwältin Celina Marieta Borges Soares, dass die Militärpolizei im Anrücken sei und Order habe, die Blockade wenn nötig unter Einsatz von Gewalt zu brechen. Noch wackelig auf den Beinen, ließ ich mich von unserem Mechaniker Orlando Bragança zur Straßensperre bei der Brücke am Kilometer 94 fahren. Chico, der Gewerkschaftsführer der Zuckerrohrpflanzer, teilte mir mit, dass der von den Demonstranten auf die Behörden ausgeübte Druck vergebens sei. Die Behörden verlangten die unverzügliche Räumung der Blockade und die Öffnung der Transamazônica.

Ich nahm das Mikrofon in die Hand und nahm mir angesichts dieser himmelschreienden Ungerechtigkeit kein Blatt vor den Mund. Ich habe die Leute aber auch angefleht, auf keinen Fall Gewalt mit Gewalt zu erwidern. Es dauerte nicht mehr lange, bis die schwer bewaffnete Polizei auf beiden Seiten der Blockade aufmarschierte und ein Hagel von Tränengasgranaten auf uns niederging. Das Zeug brannte nicht nur in Augen, Mund und Nase, sondern auch auf der Haut. Man hat im Moment das Gefühl, zu brennen. Plötzlich packte mich ein Riegel von Polizist und schleuderte mich in den Dreck, mit dem Gesicht nach vorn.

Die Polizei war überzeugt, dass ich als Bischof diese Demonstration angestiftet hätte. Ich wurde deshalb vor den versammelten Leuten zusammengeschlagen und festgenommen. Der Major brüllte mich an, ich sei subversiv und hätte die Leute aufgewiegelt. Ich sollte sie lieber beten und gehorchen lehren. Das war einerseits eine Demütigung sondergleichen. Aber plötzlich schrien sie alle, die Frauen, die Männer, die Kinder: „Lasst ihn los, er ist unser Bischof!"

Der ganze Vorfall wurde anderntags in allen Zeitungen berichtet. Die Polizei war offenbar nicht im Bilde gewesen, dass Journalisten vor Ort waren. Die Brasilianische Bischofskonferenz hat sofort öffentlich für mich Partei ergriffen und meinen Einsatz für die Menschen an der Transamazônica als Aufgabe des Hirtendienstes bezeichnet. Das stärkste Echo kam aus den vielen kleinen Gemeinden, aus ganz Brasilien. Ich habe ganze Ordner von Briefen und Unterschriftenlisten. Einen oder zwei Tage danach erhielt ich einen Anruf vom päpstlichen Nuntius in Brasilia. Für Dom Carlo Furno schien die ganze Affäre alles eher denn mit dem Bischofsamt vereinbar gewesen zu sein. So riet er mir mit deutlich erhobener Stimme: „Geben Sie acht! Geben Sie acht!" Das war alles.

Mit dieser Straßenblockade haben die Leute immerhin einen Erfolg erzielt. Am 1. Juni bin ich zusammengeschlagen worden, am 10. Juni haben die Leute ihr Geld für die Zuckerrohrernte ausbezahlt bekommen. Die Menschen haben gespürt, dass ich mich für sie einsetze. Ich habe dann in aller Öffentlichkeit die Frage gestellt: Muss zuerst der Bischof festgenommen werden, damit die Leute zu ihrem Lohn kommen?!

„Lasst ihn los, er ist unser Bischof!" – Dieser Ruf der Menschen hat eine tiefe Beziehung geschaffen zwischen dem Volk und dem Bischof. Die Leute hätten auch rufen können: „Lasst ihn los, er ist ein Bischof." Nein, sie haben geschrien: „Er ist *unser* Bischof!" Das war für mich wie eine zweite Bischofsweihe. Ich war mit 26 Jahren als Priester nach Brasilien gekommen und wurde mit 41 Jahren zum Bischof geweiht. Dass die Leute gerufen haben „Er ist unser Bischof!", ist mir tief zu Herzen gegangen. Ich habe gespürt, dass das Volk mich angenommen hat, dass ich einer der ihren geworden war. Für mich bedeutet Bischof sein nicht nur für die Leute da zu sein, sondern mehr und mehr einer von ihnen zu werden.

Ich erinnere mich auch noch sehr gut, wie ich das erste Mal in ein Dorf von Indios kam und kein einziges Wort Kayapó verstand oder sprach. Ich spürte, dass ich ohne ihre Sprache zu sprechen keinen Zugang zu ihnen finden würde. Später, als ich mich dann bereits in Kayapó ausdrücken konnte, waren die Indios unendlich beeindruckt und schenkten mir ihr schönstes Lächeln. Sie haben gespürt, dass ich mich bemüht habe, zu ihnen zu gehören. Es ist ein Glück für mich, dass ich mich mit Sprachen leichttue.

Die Kayapó sind keine Christen. Aber sie sind immer wieder beim Gottesdienst da. Ich erinnere mich an das Patroziniumsfest in San Felix. Da saßen einige Kayapó in den Kirchenbänken. Ich habe sie beim Gottesdienst persönlich begrüßt, in ihrer Sprache. Das hat sie sehr beeindruckt: Er spricht sogar bei der Messe unsere Sprache! Sie waren zum Gottesdienst gekommen, weil sie mit mir über den Staudamm von Belo Monte reden wollten. Sie hatten erfahren, dass Belo Monte auch Auswirkungen auf ihre Gebiete am Oberlauf des Xingu haben wird.

Arme Kirche heißt für mich, einfacher zu werden, auch im persönlichen Leben. Ein Bischof muss nicht unbedingt einen Mercedes fahren. Er soll auch nicht zur Hautevolee gehören. Es müssen keine

Polizisten auf weißen Motorrädern vor ihm herfahren. Ich bin auch überzeugt, dass wir in der Liturgie viel einfacher werden sollten, dass wir vom Thron heruntersteigen sollten. Für mich persönlich ist schon die Mitra ein Widerspruch zu meinem Leben als Bischof. Was sagt die Mitra wirklich theologisch aus? Ich habe noch nie einen Zugang dazu gehabt. Ich weiß, das Brustkreuz des Bischofs ist ein Kreuz, der Stab ist ein Hirtenstab, der Ring symbolisiert wie ein Ehering einen Bund, den Bund mit meiner Diözese. Aber die Mitra sagt mir gar nichts. Sie scheint eine mehr oder weniger nostalgische Reminiszenz an die Zeit des Cäsaropapismus zu sein. Ich setze sie auch nicht mehr auf, höchsten wenn alle Bischöfe bei einer Bischofskonferenz die Mitra aufhaben. Da komme ich dann schwer drum herum. Der Erzbischof von Belém bringt mir bei solchen Anlässen immer auch gleich ein Solideo mit, die violette Kopfbedeckung des Bischofs, und er erklärt mir auch immer diese mitbrüderliche Geste: Ich weiß, dass der Bischof von Xingu immer darauf vergisst. Dann setze ich das halt auf. Ich will ja keine Grundsatzdiskussion vom Zaun brechen, wo es keinen Sinn macht.

Als ich ein junger Bischof war, hat mir ein Nachbarbischof – er ist längst emeritiert – gesagt, Erwin, ich weiß, das ist nicht unbedingt in deinem Sinn, aber du musst die Mitra aufsetzen. Das Volk will das. Da habe ich dann tatsächlich bei einer Firmung in einer kleinen Gemeinde im Busch die Mitra aufgesetzt. Das war – außer bei meiner Weihe – das erste und das letzte Mal. Die Leute haben mich unverwandt und verwundert angeschaut. Seit Jahren kannten sie mich als Pater Erwin, und jetzt wirkt er plötzlich ganz anders. Ich habe mir damals gedacht, nein, das tue ich nie mehr.

Ein Bischof braucht bestimmte Insignien nicht. Seine Autorität ist nicht, vom bischöflichen Thron aus zu regieren, Normen und Gesetze zu erlassen, sondern seinem Volk, wo immer es ist, zu dienen, sich für das Volk Gottes einzusetzen, für sein Volk zu beten, ihm sein Leben zu widmen. Seine Autorität besteht im Dienst am Volk

Gottes. Ich wurde geweiht, um Distanzen zu überwinden, nicht über dem Volk zu sein, sondern mit dem Volk, unter dem Volk, für das Volk da zu sein. „Aus den Menschen ausgewählt und für die Menschen eingesetzt zum Dienst vor Gott", heißt es im Hebräerbrief 5,1. Dazu braucht es keinen besonders ausgeklügelten Ornat. Wer von der Abgehobenheit eines Thrones die Herde führen und leiten will, wird nie ein Hirte mit dem „Geruch der Schafe" sein, wie es sich Papst Franziskus wünscht. „Weidet die Herde Gottes bei euch, nicht gezwungen, sondern freiwillig, nicht aus schnöder Gewinnsucht, sondern aus Zuneigung, nicht als Herrscher über die euch zugewiesenen Seelen, sondern als Vorbilder der Herde!", heißt es im Ersten Petrusbrief 5,2–3.

Die Leute fragen mich als Bischof, was ich über dieses oder jenes denke. Sie wollen von mir Orientierungshilfen, sie fragen, ob ich einen Vorschlag habe, wie sie manches besser machen könnten, oder sie sagen ganz klar, wir erwarten von dir als Bischof, dass du dort oder dort für uns vorstellig wirst und uns verteidigst. Es gibt keine Gemeinde, in die ich komme, in der die Leute nicht erzählen, was sie erleben, wie es bei ihnen läuft, wo sie der Schuh drückt. Dann fragen sie: Bischof, was sagst du dazu? Wobei die Älteren nicht wirklich du zu mir sagen, aber bei den jungen Leuten wird das schon ganz selbstverständlich.

Meine Erfahrungen „ad limina" in Rom

Ich war als Bischof 1985, 1990, 1995, 2003 und 2010 in Rom. 1985 und 1990 war Papst Johannes Paul II. noch jung, 2003 habe ich ihn das letzte Mal gesehen, da war er schon sehr von seiner Krankheit gezeichnet. Als ich 1985 das erste Mal bei ihm in Privataudienz war, da hat Johannes Paul II. eine riesige Landkarte vor sich gehabt und mich gefragt, wo denn meine Diözese sei. Ich bin mit dem Zeige-

und Mittelfinger vom Amazonas hinuntergefahren bis Mato Grosso. Da hob der Papst die Arme und rief aus: „Troppo grande", viel zu groß. Dann hat er mich gefragt, wie viele Priester ich hätte. Damals waren es 16. Da hat er gemeint, „troppo pochi", viel zu wenige". Er hat gefragt, ob ich Ordensleute hätte. Ich sagte, ja, alle zusammen seien es an die 40. Da meinte er, das sei auch viel zu wenig.

Dann stellte mir Johannes Paul II. die berühmte Frage: „Come fa?", wie machst du das? Ich habe gesagt: „Ci sono anche i laici", es gibt auch die Laien. Er erwiderte darauf: Meinst du damit die Basisgemeinden? Ich entgegnete, das Wort Basisgemeinden sei nicht ganz vollständig, es handle sich um „kirchliche" Basisgemeinden. Sie seien der Ort, wo die Kirche lebe. Dann hat er mir gesagt: Machen Sie weiter so! Das war 1985. Zwei Jahre zuvor hatte mich die Militärpolizei niedergeschlagen. Ich weiß nicht, ob der Papst davon je erfahren hatte. Aber Johannes Paul II. hat mir auf die Schulter geklopft und gesagt: Gehen Sie Ihren Weg weiter. Wenn sich nicht die Kirche auf die Seite der Armen stellt, wer wird es dann tun?

Der Erzbischof von Rio de Janeiro, Kardinal Eugênio de Araújo Sales, der als sehr konservativ bekannt war, ist nach diesem Ad-Limina-Besuch im Jahr 1985 zurückgekommen und hat in den Medien erklärt, der Nachfolger Petri habe ihn in seinem Weg bestätigt. Da haben viele gedacht, na gut, es ist also der erzkonservative Weg, den der Papst bestätigt hat. Ich war im Unterschied zum Erzbischof von Rio damals mit 46 Jahren ein junger Kerl, erst vier Jahre Bischof. Aber wo immer ich in Kreisen der Bischofskonferenz, auch der regionalen Bischofskonferenz von Amazonien, gefragt wurde, wie es in Rom gewesen sei, habe ich gesagt: Ich kann mit großer Freude und mit dem Ausdruck tiefer Dankbarkeit berichten, dass Papst Johannes Paul II. mich auf meinem Weg, den ich mit dem Volk Gottes am Xingu gehe, bestätigt hat. Er hat mir gesagt, gehen Sie diesen Weg weiter. Damit war der Eindruck aus der Welt geschafft, dass der Papst nur den konservativen Weg bestätigt hätte.

Beim Ad-Limina-Besuch 1990 hat Johannes Paul II. mir dann nicht mehr gesagt, gehen Sie Ihren Weg weiter, sondern tragen Sie Ihr Kreuz weiter. Bei den weiteren Besuchen in Rom hat mir der Papst nichts ausdrücklich Persönliches mehr gesagt. Im Jahr 2003 war Johannes Paul II. schon so krank, dass er mir leid getan hat. Ich hätte eine Viertelstunde Zeit gehabt für das Gespräch mit ihm. Aber er war alt und krank, zittrig, erschöpft und ausgelaugt. Da hätte ich es als Zumutung empfunden, wenn ich ihn mit meinen Ausführungen belästigt hätte. Ich habe ein paar Worte auf Polnisch gesagt, und er war ganz glücklich. Wo ich denn Polnisch gelernt habe, wollte er wissen. Da habe ich ihm erzählt, dass einmal ein polnischer Priester in meiner Diözese gewesen sei, und von dem hätte ich ein paar Worte gelernt. Da fragte der Papst: „Ein guter Priester?" Ich habe ihm jedoch nicht erzählt, dass diese Einschätzung nicht ganz zutreffend war …

In den Jahren, als er gesundheitlich noch rüstig war, hat Johannes Paul II. uns Bischöfe „ad limina" immer zum Mittagessen eingeladen. Ich bin ihm einmal gegenübergesessen, weil ich am längsten im Amt gewesen bin. Da war er sehr aufgeweckt. Ich habe damals noch geschnupft und meine Mitbrüder haben gemeint: Wetten, du traust dich nicht, dem Papst eine Prise anzubieten. – Ohne weiteres, was gilt es? Dann bin ich hingegangen, habe meine Schmupftabakdose geöffnet und habe den Papst gefragt: Eine Prise gefällig? Er lachte: Va bene, va bene! Im Hinblick auf seine weiße päpstliche Soutane sei es wohl nicht angeraten, zu schnupfen. Aber ich hatte die Wette gewonnen und die Flasche Wein haben wir miteinander getrunken.

Bei meinem bislang letzten Ad-Limina-Besuch bei Papst Benedikt XVI. im Jahr 2010 gab es das gemeinsame Mittagessen nicht mehr und auch nicht den gemeinsamen Gottesdienst in der Früh. Das wesentliche Novum war aber, dass er nicht jeden Bischof einzeln empfangen hat, sondern wir waren bei der Privataudienz fünf Bischöfe. Man hat uns angewiesen, nicht auf den Papst zuzugehen, sondern einfach Platz zu nehmen. Es war am Geburtstag von Benedikt XVI. Da habe ich mir gedacht, ich kenne den Papst von früher. Heute hat er Geburtstag und kein Mensch wird mir verbieten können, ihm zu gratulieren. So bin ich, als wir hineingegangen sind, zu ihm hingegangen, habe ihm die Hand geschüttelt und ihm zum Geburtstag gratuliert: „Alles Gute!", und habe ihn gefragt „Wie geht es Ihnen?" Er hat gemeint, wie es in seinem Alter eben so gehe.

Das war natürlich völlig neben dem Protokoll. Aber dann ging es wie geplant weiter. Wir haben Platz genommen, er war sehr herzlich, saß da auf seinem Thron, und wir links und rechts davon, andächtig in der Reihe. Jeder hat etwas gesagt. Ich habe mir herausgenommen, deutsch zu sprechen, und berichtete ihm, dass es Gemeinden am Xingu gibt, die nur zwei oder drei Mal im Jahr das Privileg haben, die Eucharistie feiern können. Ich habe das auch schriftlich in meinem Bericht festgehalten, dass es für mich sehr schwer verständlich sei, dass die Leute de facto von der Eucharistie ausgeschlossen seien. Und Jesus hat doch den Auftrag erteilt: Tut dies zu meinem Gedächtnis!

Dann habe ich Benedikt XVI. auch das Beispiel erzählt, wie ich in eine Gemeinde gekommen bin am Oberlauf des Xingu. Die Leute haben mich sehr herzlich empfangen, wie das dazugehört: Gott sei Dank, der Bischof ist da. Heute wird er unser Kirchlein weihen. Als ich die Türe des Kirchleins öffnete, sah ich, dass nur ein Ambo vorhanden war, aber kein Altar. Da fehlt doch etwas, gab ich den Leuten zu bedenken, der Altar. Sie antworteten, ein Altar sei wohl nicht notwendig, denn die zwei oder drei Mal im Jahr, wenn ein Priester in ihre Gemeinde käme, würden sie kurzerhand einen Tisch aus der Schule holen und in die Kirche stellen.

Genau dieses Beispiel habe ich dem Papst erzählt. Ich sei sehr besorgt, dass die Leute keinen Zugang mehr haben zum Verständnis der Eucharistie, weil sie ihnen verweigert wird. Ich habe gesagt, wir könnten nie so viele Priester haben, dass diese Gemeinden zu ihrem Sonntagsgottesdienst kommen können. Auch wenn wir alles

Der Fluss Xingu in Amazonien, Lebensader und Verkehrsweg
der Diözese von Erwin Kräutler

Die Bischofsstadt Altamira

Erwin Kräutler als junger Priester in einer Gemeinde am Xingu

Am Tag seiner Bischofsweihe mit seinem Onkel und Vorgänger
im Bischofsamt Erich Kräutler

Ad-Limina-Besuch in Rom bei Papst Johannes Paul II. im Jahr 1990

Ad-Limina-Besuch bei Papst Benedikt XVI. im Jahr 2010

Mit dem bekannten Indio-Vertreter Raoni Metuktire, ein Kayapó aus Mato Grosso

Bei einer Demonstration gegen Belo Monte im Jahr 2008

Die Kayapó-Frau Moiangri klopft dem Bischof auf die obere Brusthälfte und sagt mehrmals „i kra", mein Sohn.

Beratung mit dem führenden Indio Motê

Bischof Kräutler zeigt jenen Stadtteil von Altamira, der wegen des Staudamm-Projekts Belo Monte überflutet wird.

Am Schreibtisch in der Prälatur von Altamira. Der Laptop ist die Verbindung in die Welt und das Archiv für Dokumente.

Begegnung mit der Selbstbesteuerungsgruppe „Bischof Kräutler"
in Vorarlberg

Mit Verantwortlichen der Aktion SEI SO FREI in Salzburg,
v. l.: Wolfgang Heindl, Helmut Dachs und Peter Ebner

Aufnahme in die Academia de Letras des Altamira am 30. September 2011

Verleihung des Alternativen Nobelpreises in Stockholm am 6. Dezember 2010

für Priesterberufe tun, werden es immer zu wenig sein. Als ich an den Xingu kam, lebten dort vielleicht 50.000 Menschen. Jetzt sind es 700.000. Die Zahl der Priester ist aber nur von einem Dutzend auf gut zwei Dutzend gestiegen. Ich kann mir nicht vorstellen, dass wir übermorgen statt 26 Priestern 126 oder 200 haben werden.

Da hätte ich mir erwartet, dass Benedikt XVI. eine Antwort gibt. Er hat auch sehr aufmerksam zugehört und freundlich genickt, aber er hat nicht dazu Stellung genommen. Es hat auch nichts genützt, dass ich den Papst persönlich gekannt hatte. Das ging zurück auf die Salzburger Hochschulwochen 1992. Ich war anlässlich des Bedenkjahres 500 Jahre Lateinamerika zu einem Vortrag über „1492–1992: Evangelium und Inkulturation" eingeladen. Der damalige Erzbischof von Salzburg, Georg Eder, hatte dagegen Einspruch erhoben. Ich habe die Ausladung als furchtbare Kränkung und Demütigung empfunden, möchte aber trotzdem den Erzbischof verteidigen. Ich weiß, er wurde nicht gut beraten. Vorbehalte gegen mich, schmähliche Unterstellungen und böswillige Fehlinterpretationen meiner Aussagen sind ihm eingeredet worden. Bei einer späteren Begegnung konnte ich das mit ihm in einem persönlichen Gespräch auch versöhnlich klären.

Für die Hochschulwochen 1992 war die Lösung getroffen worden, dass der Präfekt der Glaubenskongregation, Kardinal Joseph Ratzinger, die Festrede halten sollte. Daraufhin habe ich dem Kardinal am 19. März, seinem Namenstag, einen Brief geschrieben und ihm gesagt, das Thema sei Lateinamerika und ich würde mir wünschen, dass er einmal ein paar Monate nach Lateinamerika käme, um die Situation persönlich kennenzulernen. Ratzinger hat mir dann einen sehr schönen Brief zurückgeschrieben. Er hat gemeint, eine so große Auslandsreise könne er sich aus gesundheitlichen Gründen nicht mehr leisten. Zudem müsste er, wenn er nach Lateinamerika käme, auch die Kontinentalkirchen in Asien oder Afrika besuchen. Das sei eben nicht möglich.

Es gab dann eine persönliche Begegnung in Jerusalem. Ich war von der Brasilianischen Bischofskonferenz dorthin beordert worden in meiner Funktion als Präsident des Rates für die indigenen Völker CIMI. Es ging um den Dialog der Religionen. Nach einem Gottesdienst bin ich auf Kardinal Ratzinger zugegangen. Er hat mich sofort erkannt.

2007, als er bereits Papst war und die Bischofsversammlung von Aparecida in Brasilien eröffnete, habe ich ihn noch einmal getroffen. Da war er sehr abgeriegelt, aber ich habe diese meines Erachtens total übertriebenen Sicherheitsvorkehrungen missachtet. Ich habe mir gedacht: Kann mir denn wirklich jemand verbieten, dem Papst die Hand zu drücken? Die Sicherheitsleute wollten mich wegschieben und wurden handgreiflich. Aber ich bin trotzdem hingekommen und habe ihm die Hand gereicht. Der Papst war überrascht: „Ah, Bischof Kräutler, ich habe erfahren, dass Sie im Leben bedroht sind. Sie stehen unter Polizeischutz. Beten wir füreinander!"

1992 war auch das einzige Mal, dass ich als Bischof mit der Nuntiatur in Brasilien zu tun hatte. Die Festrede, die ich in Salzburg nicht halten durfte, habe ich dann im Wiener Rathaus auf Einladung von Bürgermeister Helmut Zilk (1927–2008) gehalten. Der Besuch war überwältigend. Das Thema meines für Salzburg vorbereiteten Vortrags über 500 Jahre Lateinamerika war „Die Nacht ist noch nicht vorüber". Ich habe dabei auch ohne Umschweife auf die Fehler der Kirche bei der Evangelisierung Lateinamerikas hingewiesen und die Schuld, die sie auf sich geladen hat. Es ging mir nicht um eine pauschale Verurteilung, sondern darum, dass wir aus Fehlern lernen und heute andere Wege einschlagen müssen. Das hat offenbar jemand im Auftrag der Nuntiatur in Wien mitgeschrieben. Man konnte mir aber nichts anhaben. Ich habe dem Nuntius sogar das gesamte Manuskript geschickt. „Die Nacht ist noch nicht vorüber" ist beim Picus Verlag, Wien, in der Reihe *Wiener Vorlesungen*, Band 124, erschienen.

Aber es gab da jemanden, der den Vortrag gehört hat und furios nach Rom berichtete, ich hätte die Kirche und den Papst angegriffen. So bekam ich über die Nuntiatur in Brasilien einen Brief mit der Aufforderung, dazu Stellung zu beziehen. Das habe ich bis heute nicht gemacht. Ich habe nicht geantwortet. Der Brief war so etwas wie ein Schlag in die Magengegend und bereitete mir mindestens eine schlaflose Nacht. Welcher Bischof will denn schon einen solchen Brief von der Nuntiatur bekommen.

Was sollte ich tun? In meiner Not rief ich Dom Tiago Ryan an, meinen Nachbarbischof von Santarém. Ein US-Amerikaner, ein heiligmäßiger Mann Gottes! Er war mir ein väterlicher Freund und starb 2002 an meinem Geburtstag. Als ich ihm sagte, ich hätte einen Brief von der Nuntiatur erhalten, fragte er scherzend: „Was hast du denn angestellt?" – „Angestellt habe ich nichts. Der Brief nimmt Bezug auf meinen Vortrag in Wien." – „Schreib nicht zurück!", sagte er kurzerhand. Das hat mir zuerst nicht ganz eingeleuchtet. Ich war ziemlich in Fahrt, denn ich wurde zu Unrecht beschuldigt. Aber Dom Tiago gab mir einen weisen Rat: „Wenn du antwortest, dann wird ein Akt angelegt. Das musst du vermeiden." Ich habe nicht zurückgeschrieben und tatsächlich war die Sache damit offenbar erledigt. Ich bekam kein weiteres Schreiben von der Nuntiatur und ich nehme an, dass es auch keinen Aktenvermerk „Kräutler/Wien" gibt.

3. Wie ich Kraft und Hoffnung schöpfe

Die Bibel am Morgen – meine heilige Stunde

Mein Arbeitstag ist sehr unterschiedlich, je nachdem, ob ich in Altamira bin oder unterwegs am Xingu. Die Distanzen sind unendlich. Auf dem Schiff gibt es die Möglichkeit, ein paar Hängematten aufzuhängen. Es gibt auch eine kleine Dusche an Bord, ganz eng, aber immerhin, eine kleine Kochecke und eine Toilette. Da kann man schon leben. Aber von einer Gemeinde zur nächsten kann es oft Stunden dauern, manchmal sogar einen ganzen Tag. Da verbringe ich die Zeit damit, in aller Ruhe zu beten, zu lesen, zu meditieren. Meistens komme ich am frühen Abend in eine Gemeinde. Ich werde immer sehr herzlich empfangen. Es gibt einen genauen Ablauf, den die Leute selbst bestimmen. Fast immer beginnt es mit einem gemeinsamen Abendessen, dann folgt eine Versammlung, in der sie ihre Berichte vortragen. Zuerst reden die Vertreterinnen und Vertreter der Gemeinde. Wenn mehrere Gemeinden vertreten sind, werden diese je einzeln vorgestellt. Ich komme ja jeweils in einen Sektor einer Pfarre, und zwar das eine Jahr in diese, das andere Jahr in die nächste Gemeinde. Die anderen Gemeinden des Sektors stoßen dann jeweils dort dazu, wo ich gerade bin.

Vor der Nachtruhe wird der Gottesdienst für den nächsten Tag vorbereitet und dann ein gemeinsames Abendgebet verrichtet. Wenn Firmung vorgesehen ist, dann wollen die jungen Leute beim Bischof beichten. Da bin ich am Abend ziemlich angehängt, und wenn es mehr Firmlinge sind, stehe ich schon wieder am frühen Morgen für die Beichte zur Verfügung. Zum Schlafen bleibt nicht viel Zeit. Denn am Abend wird es meist spät, und am Morgen geht es frühzeitig los. Das ist für mich kein Problem, denn ich bin ein Frühaufsteher. Daheim in Altamira bin ich spätestens um zehn, halb elf im Bett und stehe um halb fünf auf. Aber wenn ich draußen bin und erst um Mitternacht in die Hängematte komme, wache ich trotzdem zu meiner gewohnten Zeit auf, sodass die Nacht ziemlich kurz ist. Ich kann aber meist auf dem Schiff in der Hängematte ein wenig Schlaf nachholen.

Der Gottesdienst am nächsten Tag ist meistens mit einer Firmung verbunden. Die anschließende kurze Agape ist ein Imbiss, mit Kaffee oder Saft aus einheimischen Früchten. Im Anschluss gibt es noch einmal ein Treffen mit dem Bischof. Die Leute stellen nun alle möglichen Fragen, quer durch: Was sagst du zum neuen Papst? Wie stehst du zur Regierung? Was hältst du von Belo Monte? Welche Beschlüsse gab es bei der Bischofskonferenz? Wie geht es dir persönlich? Wie lange stehst du noch unter Polizeischutz? Wirst du nach wie vor bedroht? Die Leute sind sehr interessiert. Oft haben sie im Radio etwas gehört und wollen nun vom Bischof genauer darüber Bescheid bekommen. Das dauert meist bis Mittag. Das gemeinsame Mittagessen ist gleichzeitig das Abschiedsmahl. Ich verabschiede mich und höre hundert Mal dieselbe Frage: „Wann kommst du wieder?"

Irgendwie umfängt mich dann eine grenzenlose Wehmut. Ja, wann komme ich wieder? Wann darf dieses liebe Volk wieder Eucharistie feiern? Es geht mir dann, wie es Jesus erging, als er seine Jüngern eingeladen hat, den See zu überqueren, um endlich auszuruhen, und ihn viele Leute bereits am anderen Ufer erwarteten. „Als er an Land ging und die vielen Menschen sah, hatte er Mitleid mit ihnen; denn sie waren wie Schafe, die keinen Hirten haben. Und er lehrte sie lange" (Mk 6,31–34). Wenn die Distanz zur nächsten Gemeinde allzu groß ist, bekomme ich das Mittagessen mit an Bord.

In Altamira ist der Tagesablauf natürlich anders. Ich habe im Diözesanhaus meinen Bereich, das Schlafzimmer und zwei Räume als Büro. Ich stehe um halb fünf oder kurz vor fünf auf. Früher bin ich fünf Kilometer am Fluss gelaufen, aber das hat mir die Polizei aus

Sicherheitsgründen verboten. Daher gehe ich jetzt in den Gängen des Diözesanhauses auf und ab. Das sind immer etwa 75 Schritte nach vorn und 75 Schritte zurück. Das ist nicht dasselbe wie am Fluss entlang, aber ich bin es mittlerweile gewohnt.

Ich bete dabei meist drei Rosenkränze. Das entsprach früher, als ich noch am Fluss entlang ging, ungefähr fünf Kilometern. Die Wiederholung des Ave Maria ist das Rauschen im Hintergrund eines Glaubensgeheimnisses, das immer mehr Herz und Sinn erfüllt und präsent wird. Ich bete die Gesätzchen immer auf Latein. Das bin ich so gewohnt und der Rhythmus ist zügiger als auf Deutsch. Ich meditiere dazu auch oft Bibelstellen aus dem Römerbrief, den Korintherbriefen, dem Brief an die Philipper oder an die Galater. Oder auch die wunderbaren Abschiedsworte Jesu im Johannesevangelium 16,31–17,26. Das ist für mich wie ein erweitertes Vaterunser, ein tiefgehendes Gebet, in dem sich viel wiederholt, aber das den großen, unendlich tröstlichen Wunsch Jesu für alle seine Jüngerinnen und Jünger ausspricht: „Ich bitte nicht, dass du sie aus der Welt nimmst, sondern dass du sie vor dem Bösen bewahrst" (Joh 17,15).

Besonders gern mag ich klassische Bibelstellen, die auf unsere Situation in Amazonien zutreffen. Das beginnt im Alten Testament, beim Exodus-Bericht von der Befreiung des Volkes Israel aus dem Sklavenhaus (Ex 3,7–9). Oder der Erste Johannesbrief 3,16: „Daran haben wir die Liebe erkannt, dass er sein Leben für uns eingesetzt hat. Auch wir sind es schuldig, unser Leben für die Schwestern und Brüder einzusetzen." Oder das Hohelied der Liebe aus dem Ersten Brief an die Korinther 12,31–14,1, das ich auf Portugiesisch längst auswendig kann. Oder aus dem Brief an die Philipper 2,5–9: „Seid untereinander so gesinnt, wie es dem Leben in Christus Jesus entspricht: Er war Gott gleich, hielt aber nicht daran fest, wie Gott zu sein, sondern er entäußerte sich und wurde wie ein Sklave und den Menschen gleich. Sein Leben war das eines Menschen: Er erniedrigte sich und war gehorsam bis zum Tod, bis zum Tod am Kreuz."

Nach der Morgendusche mache ich etwa eine Stunde lang meine Morgenbetrachtung und bete die Laudes. Die Bibel ist für mich wie das tägliche Brot. Ich brauche diese „heilige Stunde", wie ich sie nenne. Ich brauche die Meditation, das Gebet, die kontemplative Dimension. Es gibt in der Bibel für mich sehr existenzielle Stellen, mit denen ich mich stark identifiziere, auch in Zeiten der Verfolgung, der Angst, der Gefahren. Ich denke an Aussagen des Paulus wie im Römerbrief 8,31 „Ist Gott für uns, wer ist dann gegen uns?" oder am Beginn des Römerbriefs „Paulus, Knecht Christi Jesu, berufen zum Apostel, auserwählt für das Evangelium Gottes" (Röm 1,1). In seinem zweiten Brief an Timotheus schreibt Paulus seinem Schüler: „Ich weiß, wem ich geglaubt habe" (2 Tim 1,12). Das ist auch für mich die Mitte meines Glaubens: dass ich weiß, auf wen ich baue.

Auch mein Wahlspruch „Servus Christi Iesu" stammt vom Beginn des Römerbriefs. Als ich einmal in die Krypta des Salzburger Doms ging, um an den Sarkophagen der Bischöfe zu beten, die ich persönlich gekannt habe, wie war ich da plötzlich überrascht: Erzbischof Andreas Rohracher, der mich 1965 im Salzburger Dom zum Priester geweiht hat, hatte den gleichen Wahlspruch!

Vor der „heiligen Stunde" gehe ich meinen Kalender durch. Ich habe Geburtstage, Todestage, von meiner Familie, von Verwandten, von befreundeten Menschen, die Weihe- oder Professtage meiner Mitbrüder und Mitschwestern penibel aufgeschrieben. Ich trinke dabei meinen Orangensaft und den Matetee, den ich sehr gern mag. Es gibt in Brasilien eine ganz eigene Art, wie man ihn zubereitet.

Am Abend lese ich die weiteren Horen des Stundengebets, die Vesper und die Matutin des nächsten Tages. Viele Lesungen aus den Büchern der Kirchenväter, die dabei vorgesehen sind, habe ich schon sehr oft gelesen. So erlaube mir hin und wieder, statt der Väter einen anderen Text zu lesen, der mir als geistliche Lesung oder theologisch wichtig erscheint.

Wenn ich in Altamira bin, feiere ich meistens am Abend um sieben oder halb acht die Eucharistie. Danach findet in Ausnahmefällen noch eine Versammlung statt. Aber in der Regel wissen die Leute, dass der Bischof für solche Begegnungen am Abend nicht mehr gut zu haben ist. Ich lege mich zwar nach dem Mittagessen 20 Minuten hin, höchstens eine halbe Stunde. Aber ich halte Versammlungen bis spät in die Nacht physisch nicht mehr aus.

Gern habe ich die biblischen Bilder vom Salz der Erde und vom Licht der Welt. Ich erzähle den Menschen, dass eine Suppe ohne Salz schlicht und einfach ungenießbar ist. So brauche es uns Christen als Salz der Erde. Nicht, dass wir besser wären als die anderen, sondern in dem Sinn, dass wir das Salz und das Licht sein möchten in der Gesellschaft. Es hat keinen Wert, über die Finsternis zu schimpfen. Es ist gescheiter, eine Kerze anzuzünden.

Oft sind es natürlich auch meine Sorgen, die ich in mein Gebet einbringe. Und davon gibt es genug. Seien es persönliche, interne Angelegenheiten der Diözese, oder äußere Angelegenheiten von Menschen, wo ich keine Lösung finde. Die Menschen erwarten vom Bischof eine Lösung! Sag uns, was sollen wir tun!? Das geht an die Substanz. Da sind mir gerade die Psalmen eine große Hilfe oder das Buch Ijob. Der Mensch hat das Recht, zu Gott zu schreien und zu fragen, warum?! Wenn Leute misshandelt werden, frage ich mich: Um Gottes willen, warum muss das so sein, warum kann ich so wenig dagegen tun?!

Wenn es mir nicht gut geht, denke ich an den Kreuzweg, an die Agonie am Ölberg. Nachfolge Christi heißt ja nicht, dem wundertätigen Jesus nachzufolgen oder seine guten, schönen Worte weiterzusagen. Nachfolge Jesu heißt, auch seinen Schmerz, sein Leiden zu akzeptieren als den eigenen Schmerz, das eigene Leiden. Das redet sich leicht daher, aber ist absolut nicht einfach. Daher beeindruckt mich bis heute das alttestamentliche Buch Ijob. Der Mensch Ijob redet mit Gott – und wie! Besonders das letzte

Kapitel 42 ist herrlich. Auf Deutsch heißt es in den Versen 4 bis 6: „Hör doch, ich will nun reden, ich will dich fragen, du belehre mich! Vom Hörensagen nur hatte ich von dir vernommen; jetzt aber hat mein Auge dich geschaut. Darum widerrufe ich und atme auf, in Staub und Asche."

Es gibt Augenblicke, in denen es dir die Stimme verschlägt und du nicht einmal mehr die Kraft hast aufzuschreien. Ich denke an jene Stunde, als ich vor dem Sarg von Schwester Dorothy stand, die erschossen worden war. Ich denke an meinen guten Freund Dema, ein Familienvater von vier Kindern. Auch er wurde erschossen und fiel seiner Frau zu Füßen. Sein letzter Blick traf seine liebe Maria da Penha: Schau auf unsere Kinder! Ich denke an meinen Mitbruder Hubert Mattle. Ich sehe ihn noch neben mir, mit seiner kleinen Hündin. Als ich am Tag, an dem er erschossen wurde, vom Auferstehungsgottesdienst zurückkam, lag die Hündin vor Huberts Zimmertür, unmittelbar neben meinem Zimmer. Ich streichelte die Hündin und sie schaute zu mir auf und fing an zu weinen. Hundeweinen ist herzzerreißend. Es geht dir durch Mark und Bein.

Was kann ich dazu sagen, wie soll ich das in Worte fassen? Schweigen ist da besser als große Erklärungen oder eine noch so gut gemeinte Predigt. Oft und oft habe ich keine Antwort und ich suche auch keine. Die Theodizee-Frage habe ich nie gestellt und werde sie auch nie stellen: Warum lässt Gott das zu? Wie oft ist das Elend, die Not, von Menschen hervorgerufen, durch Menschen verursacht! Das ist gerade bei uns in Amazonien ganz offensichtlich. Und wenn anderswo, in Asien, tausende Menschen einem Tsunami zum Opfer fallen? Auch da ist die Frage mehr als überflüssig, warum Gott diese Menschen alle zugrunde gehen lässt, wenn es viele wissenschaftlich fundierte Hinweise gibt, dass solche Katastrophen durch den von den Menschen provozierten Klimawandel und skrupellosen Raubbau viel häufiger und größer geworden sind.

Bach, Beethoven, Haydn, Mozart – meine Auszeit

Ich höre Musik immer ganz bewusst. Ich kann nicht „nebenbei" Musik hören. Es gibt für mich keine Hintergrundmusik, so etwas wie eine Berieselung des Gemüts während der Arbeit. Musik ist Melodie aus der Ewigkeit. Klingende Funken springen zu uns Menschen herüber, in unsere zeitliche und räumliche Begrenztheit. Musik stammt aus einer geheimnisvollen Sphäre. Tief ins Herz eines Menschen dringt sie ein, bis in die Mitte der Person. Musik lässt den Himmel erahnen, ist wie ein Gottesbeweis, kein philosophischer, sondern ein mystischer Gottesbeweis, eine existenzielle Erfahrung Gottes. Musik erhebt den Menschen zu Gott, zur persönlichen Harmonie der Trinität der ewigen Liebe und lässt erahnen, was Paulus sagen will, wenn er ausruft: „Die Liebe hört nie auf" (1 Kor 13,8).

Auch wenn ich seit Jahrzehnten kaum Zugang zu Konzerten, Opern, Oratorien und anderen musikalischen Darbietungen habe, ist meine Liebe zur Musik nach wie vor grenzenlos. Mein musikalisches Empfinden ist nicht verkommen. Das Problem ist, dass mir oft die Zeit fehlt, weil es mir nicht gelingt, Musik „nebenbei" zu hören. Ich kann mir zum Musikhören keine bestimmten Zeiten reservieren. Aber es gibt dann doch Momente, wo ich mir sage: Ich muss jetzt einfach die „Matthäus-Passion" von Johann Sebastian Bach oder seine Missa in h-Moll hören. Oder ich muss jetzt einfach den Schlusschor aus den „Jahreszeiten" von Joseph Haydn hören: „Die Himmelspforten öffnen sich, der heil'ge Berg erscheint." Oder die Passage im Schlusschor von Beethovens Neunter Symphonie in der Form, wie sie Leonard Bernstein dirigierte: „Und der Cherub steht vor Gott", mit dem fantastischen Terzsprung und einer lang anhaltenden Fermate beim Namen „Gott", die den Eindruck erweckt, als ob sich plötzlich das Tor zum Himmel auftue und der Mensch in tiefer Anbetung und unaussprechlicher Freude in die Ewigkeit einginge.

Mein musikalisches Aha-Erlebnis war die „Unvollendete" von Franz Schubert während meiner Gymnasialzeit. Wir hatten in Dr. Wilhelm Schosland (1896–1975) ein paar Jahre lang einen ausgezeichneten Musikprofessor, der uns das Hören gelehrt hat. Er hat eine Schallplatte aufgelegt, einen Satz aus einer Symphonie abgespielt und uns dann gefragt, was das sei. Ich kann Partituren nicht wirklich lesen, aber wenn ich zum Beispiel die Partitur der Matthäus-Passion vor mir habe, dann höre ich auch die Musik.

Am Xingu vermeide ich es, von meiner Lieblingsmusik zu schwärmen. Die meisten haben keinen Zugang dazu und ich möchte auch nicht durch meinen besonderen Hang zur klassischen Musik das Musikempfinden der Menschen am Amazonas und Xingu geringachten. Es gibt in Altamira kein Theater und noch weniger eine Oper, wo die Leute Erfahrungen mit der Klassik machen und sich diese Musik aneignen könnten. So schwelgen sie auch nicht im Reich der Töne einer Mozart-Oper und verstehen es kaum, dass ich beinahe in Ekstase gerate, wenn ich das „I know that my redeemer liveth" aus dem Messias anhöre und der Sopran das hohe C erreicht. Ich stamme aus einer musikalischen Familie und die großen europäischen Komponisten gehören irgendwie zu meiner Identität und sind für mich ein Stück Heimat.

Meine Musik ist auf dem Computer gespeichert. Bei langen Fahrten auf dem Xingu höre ich mit Kopfhörer. Das geht gut, wenn der Xingu ruhig ist. Ich tue mich schwer zu sagen, welche Musik ich am meisten liebe. Das hängt immer von den Umständen ab, in denen ich mich befinde, wie mir innerlich zumute ist. Ich liebe Anton Bruckners „Te Deum". Ich liebe Johann Sebastian Bach. Das absolut Schönste und Ergreifendste von Bach ist für mich die „Matthäus-Passion". Ich kann sie fast auswendig. Ich höre sie sehr oft und immer wieder entdecke ich etwas Neues dabei. Nachdem Petrus Jesus drei Mal verleugnet hat und dann Peter Schreier als Evangelist das „Und er ging hinaus und weinte bitterlich" singt, ist das für mich beinahe

unheimlich ergreifend. Zu andern Kantaten oder zum Weihnachts-
oratorium habe ich selbstverständlich auch einen Zugang und liebe
Bachs „Magnificat" und seine h-Moll-Messe, aber die „Matthäus-
Passion" ist für mich das Nonplusultra. Ich höre nach wie vor sehr
gerne den „Messias" und die Orgelkonzerte von Georg Friedrich
Händel, die „Jahreszeiten" und die „Schöpfung" von Joseph Haydn,
die Symphonien, die Klavierkonzerte, das Violinkonzert mit Yehudi
Menuhin als Interpreten von Ludwig van Beethoven. Zutiefst bewegt mich das „Requiem" von Mozart. Plötzlich habe ich dann wieder eine Mozart-Phase und höre die „Zauberflöte", „Così fan tutte"
oder „Le nozze di Figaro".

Die Gelegenheit, eine große Symphonie im Konzertsaal oder eine
Oper auf der Bühne zu hören und zu sehen, habe ich kaum. In Altamira ist es nicht möglich, und wenn ich in Österreich bin, bin ich
zeitlich immer sehr eingeteilt. Ich bin daher auf DVDs angewiesen
oder auf das Internet. Das ist meine Auszeit.

Bei meinen „Auftritten" in der KAJ und auch nachher sang ich
auch oft afroamerikanische Spirituals. Irgendwie war ich von den
Texten dieser Songs besonders angetan. Sie sind religiösen Inhalts
und erzählen vom Leben geschlagener und geschundener Menschen, von ihrer Hoffnung auf eine bessere Welt und von ihrem
unerschütterlichen Glauben an Gott. Die Nähe zur Erfahrung der
Schwestern und Brüder in unseren Basisgemeinden ist verblüffend.
Ganz besonders das wunderbare *Nobody knows*, das sogar zum Re-
pertoire von Louis Armstrong gehörte.

Nobody knows the trouble I've seen
Nobody knows but Jesus
Nobody knows the trouble I've seen
Glory hallelujah!
Sometimes I'm up, sometimes I'm down
Oh, yes, Lord

Sometimes I'm almost to the ground
Oh, yes, Lord
Although you see me going 'long so
Oh, yes, Lord
I have my trials here below
Oh, yes, Lord
If you get there before I do
Oh, yes, Lord
Tell all-a my friends I'm coming too
Oh, yes, Lord

In meiner Jugendzeit und bei der KAJ war ich bei vielen Festen eingeladen und habe gern Gitarre gespielt. Ich war auch immer auf dem Laufenden und sogar einer der Ersten, der bei unseren Treffen und Festen Rock 'n' Roll spielte und tanzte. Den *Rock around the clock* von Bill Haley habe ich unzählige Male zum Besten gegeben und spiele und singe ihn heute noch, wenn sich junge und weniger junge – aber nostalgische – Leute das wünschen. Aber ich habe natürlich nicht mehr den Schwung, den ich als Jugendlicher hatte.

Eine Zeit lang interessierte ich mich auch für Jazz, speziell für den New Orleans Jazz und seinen berühmtesten Repräsentanten Louis „Satchmo" Armstrong (1901–1971), dessen Karriere in den Slums von New Orleans begann. Er war mir sehr sympathisch und irgendwie verehre und liebe ich ihn heute noch. Dennoch waren Jazz und alle Hits von damals nie „meine" Musik.

Das, was sich heute oft als „Musik" anbietet, sind grelle oder dumpfe, elektronisch produzierte Töne und Geräusche in schnellem Rhythmus und unerträglicher Lautstärke, wahrhafte Keulenschläge für die Seele. Wilhelm Busch hatte schon recht, wenn er sagte: „Musik wird oft nicht schön gefunden, weil sie stets mit Lärm verbunden."

Ich lese auch viel unterwegs. Meine Fachliteratur ist meistens biblische Literatur. Ich bin nicht immer ganz up to date, aber die biblische Theologie interessiert mich sehr. In Brasilien gibt es heute sehr gute Exegeten, die mir im Verständnis der Schrift helfen. Sehr gern lese ich Biographien. Jetzt bin ich wieder an Beethoven dran. Da gibt es immer etwas Neues. Du verstehst dann die Neunte Symphonie wieder anders, wenn du das Umfeld besser kennenlernst. Biographien von Mozart habe ich alle gelesen, die mir untergekommen sind. Mozart war ja ein Haudegen sondergleichen, mit einer deftigen Sprache, bei der er nicht mit Kraftausdrücken gespart hat. Eine dicke Biographie von Bach habe ich sogar einmal als Nachtkästchen-Lektüre gelesen.

Spannend finde ich die heutigen Zugänge zu Heiligen. Die alte Heiligenliteratur war für mich zum Teil unverdaulich. Jetzt kann man Gestalten wie Therese von Lisieux (1873–1897), Teresa von Ávila (1515–1582) oder Franz (1182–1226) und Klara von Assisi (1193–1253) neu erleben, aus dem Kontext ihrer Zeit heraus viel besser verstehen.

Ich habe ein erfülltes Leben

An den ersten Weihnachten habe ich noch sehr nach Österreich zurückgedacht. An meinen zweiten Weihnachten am Xingu war ich ganz allein in Porto de Moz, in einem baufälligen Pfarrhaus. Eine Unzahl Fledermäuse schwirrten um mich herum und um zwei Uhr ging zudem ein prasselnder Tropenregen auf das schadhafte Hausdach nieder. Ich musste die Hängematte aufrollen. Zwei Stunden stand ich an der Wand und wartete, bis die Schauer vorbei waren. Erst um vier Uhr ließ der Regen nach. Ich kam mir in dieser Heiligen Nacht sehr elend und verlassen vor und unwillkürlich erinnerte ich mich mit ein bisschen Wehmut an die Feiern der Heiligen Nacht mit meiner Familie in Koblach.

Geschenke gibt es zu Weihnachten für die Kinder, nicht für den Bischof. Der bekommt am Geburtstag oder am Weihetag so viel geschenkt, dass weitere Geschenke zu Weihnachten wirklich eine Übertreibung wären. Ich muss mich nie selbst einkleiden. Ich bekomme Hemden, T-Shirts, Hosen, Jacken, Schuhe. Ich werde so gut versorgt, dass ich meine Garderobe alle Jahre wieder einmal ausräumen muss. Irgendwann laufe ich dann in der Stadt jemandem über den Weg, der das Hemd trägt, das einmal mir gehört hatte. Darüber hinaus habe ich keine großen Bedürfnisse. Eine Geschäftsfrau in Altamira wollte mir freundlicherweise einmal ein Uhr schenken. Das war ein richtiger „Wecker", eine große Markenarmbanduhr mit allem Drum und Dran, bis zum Höhenmesser. Ich musste der lieben Frau sagen, dass ich mich etwas schwertue, als Bischof mit einer solchen Uhr herumzulaufen. Sie wollte mir einfach das Beste vom Besten schenken. Sie hat meine Bedenken aber verstanden und ersetzte die gigantische Uhr durch eine sehr einfache, die ich auch trage, zur Freude der Dame, von der ich sie geschenkt bekommen habe.

An meinem Geburtstag und am Weihetag geht es immer rund. Da muss ich in Altamira sein. Das sind für mich zwei anstrengende Tage. Denn ich esse nicht sehr viel und soll nun dauernd essen. Das geht in der Früh los mit einem überreichlichen Frühstück. Dann kommt ein Mittagessen mit mehreren Gängen. Schließlich soll ich auch noch zu Abend essen. Das einzig Vorteilhafte dabei ist: Ich esse nie allein. Alle essen mit und es bleibt nie etwas übrig. Am Abend ist Gottesdienst. Da wollen alle den Bischof beglückwünschen und umarmen. Das hört nicht auf. Irgendwann falle ich erschöpft ins Bett.

Ich bin sehr glücklich in meinem Beruf, das kann ich ohne Abstriche sagen. Ich habe ein sehr erfülltes Leben. Daran habe ich keinen Augenblick gezweifelt. Ich habe für die Menschen viel tun können und kann heute noch viel tun. Der Einsatz für die indigenen Völker erfüllt mich bis heute mit einer besonderen Genugtuung.

Ich berate mich viel mit meinen Mitbrüdern, aber auch mit unseren Ordensfrauen sowie den Mitarbeiterinnen und Mitarbeitern. Die Frauen weisen mich oft auf etwas hin, wenn sie meinen, dass ich mich vor dieser oder jener Person besser in Acht nehmen sollte. Ich bin immer sehr dankbar, dass es Menschen gibt, die mich auf Vorgänge aufmerksam machen, die ich selbst nicht so sehe oder deren Hintergründe mir manchmal verborgen bleiben. Frauen sind da zum Teil offener und sagen die Dinge frisch von der Leber weg. Männer, auch wenn sie Priester sind, denken eher: Er ist der Bischof, er muss selbst wissen, was er tut. Immer wieder einmal hat mir die eine oder andere unserer Mitarbeiterinnen oder Schwestern gesagt: Bischof, da musst du aufpassen, da läuft etwas, was du nicht durchschaut hast. Gib bitte acht! Das passiert vor allem, wenn mich jemand in Politik oder Wirtschaft auf seine Seite bringen will. Ich bin von Haus aus sehr gutgläubig, bis zum Erweis des Gegenteils. Ich kann mir nicht vorstellen, dass jemand zu mir kommt und so tut, als ob er ganz das vertrete, was ich vertrete, dann aber das genaue Gegenteil tut. Ich habe oft zu wenig Fantasie für das, was Menschen tatsächlich im Schilde führen. Es gibt eben im Zusammenhang mit den Megaprojekten der Regierung eine wirkliche Mafia, ein Konsortium von Individuen, die sich nie outen, aber im Hintergrund ihre Fäden ziehen. Da muss ich ehrlich sagen, dass ich hin und wieder zu gutgläubig, vielleicht sogar naiv bin. Ich glaube immer, dass der Mensch von Grund auf gut ist und dass er mir wohlwill. Ich bin das ja gewohnt. Die einfachen und armen Leute lieben ihren Bischof. Wo ich hinkomme, werde ich herzlich empfangen und umarmt. Alle freuen sich, dass der Bischof da ist. Und da kann ich mir einfach nicht vorstellen, dass es Leute gibt, die anders sind und mich legen wollen.

Sehr ins Herz geschlossen habe ich Kardinal Aloisio Lorscheider (1924–2007), einen unendlich lieben Menschen, der mir wie ein bischöflicher Vater gewesen ist. Er war Erzbischof von Aparecida und ist „schuld" daran gewesen, dass ich zum Präsidenten des Rates der Bischofskonferenz für die indigenen Völker (CIMI) gewählt wurde. Lorscheider war 1983 in Altamira, als ich noch ganz jung Bischof war. Ich hatte ihn eingeladen, uns die Jahresexerzitien zu halten. In diesen Tagen wurde ich angerufen und gefragt, ob ich den Vorsitz dieses Rates der Bischofskonferenz übernehmen könne. Ich habe abgelehnt und argumentierte, ich sei erst 44 Jahre alt und hätte als Bischof noch viel zu wenig Erfahrung. Aber Kardinal Lorscheider war mit meinen Einwänden absolut nicht einverstanden. „Du musst die Wahl annehmen, zum Wohl der indigenen Völker und der Kirche in Brasilien", sagte er, „keine Ausflucht!" Ich bin immer mit Kardinal Lorscheider in Kontakt geblieben. Noch drei Wochen vor seinem Tod habe ich ihn in Porto Alegre besucht. Er war für mich ein großes Vorbild, aber auch er hat mich sehr geschätzt.

Genauso geliebt habe ich Dom Luciano Mendes de Almeida SJ (1930–2006). Er war zunächst Generalsekretär der Bischofskonferenz und dann acht Jahre lang deren Präsident. Als es 1987 im Zusammenhang mit der verfassungsgebenden Versammlung eine heftige Kampagne gegen den CIMI gab, hat Dom Luciano uns sehr gestützt. Er sagte damals zu mir: „Erwin, es gibt acht Seligkeiten. Bei sieben kannst du dich selbst danach richten. Für die achte Seligkeit brauchst du jemanden. ,Selig, die Verfolgung leiden' gibt es nur, wenn jemand verfolgt. Es gibt keinen Verfolgten, wenn ihn nicht jemand verfolgt. Das gehört zu deinem Auftrag als Bischof. Wenn alles so einfach und glattginge, dann würde ich daran zweifeln, ob der CIMI wirklich seine prophetische Dimension lebt. In dem Moment, in dem ihr angefangen habt, für die indigenen Völker einzutreten, habt ihr euch Feinde geschaffen." Dom Luciano hat mir versichert: „Du kannst mit mir überall rechnen." Er hielt dann als Präsident der Bischofskonferenz im Kongress eine Rede, die enormes Aufsehen erregt hat.

Gut gekannt habe ich auch den Erzbischof von Olinda und Recife, Dom Helder Camara (1909–1999). Er hat mir manchmal geschrieben und ist für mich nach wie vor ein Vorbild. Sehr befreundet bin ich mit Dom Pedro Casaldáliga, dem bereits emeritierten Bischof von São Félix do Araguaia, der 1928 in Balsareny, Katalonien, geboren wurde. Ich denke auch an José Ivo Lorscheiter (1927–2007), Bischof des Bistums Santa Maria im südlichsten Bundesstaat Rio Grande do Sul. Ebenso an den Kardinal Dom Paulo Evaristo Arns (geb. 1921). Er hat die Menschenrechtsverletzungen durch die Militärdiktatur (1964–1985) angeprangert und ist wegen seines Eintretens für die Befreiungstheologie zeitweise auch mit dem Vatikan in Konflikt geraten.

Es gibt auch jüngere als ich, von denen ich weiß, dass sie bewusst den Weg des Konzils gehen. Und natürlich gibt es unter 400 Bischöfen auch einige, die auf der extremen rechten Seite stehen. Aber insgesamt müssen wir uns in der Brasilianischen Bischofskonferenz wirklich nicht schämen.

4. Aggiornamento – auf den Spuren des Zweiten Vatikanischen Konzils

Das Konzil und seine Folgen für Lateinamerika

Gott schreibt auch auf krummen Zeilen gerade. Das haben wir immer wieder erfahren. Trotz aller Wechselfälle der Geschichte vertraue ich auf die Gegenwart des Geistes Jesu in der Gemeinschaft seiner Jüngerinnen und Jünger. Jesus hat am Abend vor seinem Leiden seinen Freunden versprochen: „Wenn aber jener kommt, der Geist der Wahrheit, wird er euch in die ganze Wahrheit führen" (Joh 16,13). Dieses Wort Jesu nährt immer wieder die Zuversicht, dass der Geist Jesu gerade in unseren Tagen Türen aufspringen lässt, die wir fest verschlossen wähnten. Es gibt keine Barrikaden, die der Geist Gottes nicht überwinden kann. Hin und wieder dauert es lange und wir verlieren die Geduld. Aber urplötzlich bläst ein frischer Wind.

Im Oktober 1958 hat Gottes Geist auf besondere Weise gewirkt und es kam Bewegung in die verkrusteten Strukturen unserer Kirche durch einen Bauernsohn aus Sotto il Monte in der Provinz Bergamo. Für die Medien und damaligen Vatikankenner war er wegen seines fortgeschrittenen Alters nur eine provisorische Lösung. Nach dem Langzeit-Pontifikat des hageren Aristokraten Pius XII. nun auf einmal Angelo Roncalli als Nachfolger Petri, dick und rund! „Was kommt auf uns zu?", haben sich viele damals gefragt. Es kam vieles auf uns zu: das Zweite Vatikanische Konzil, zum Beispiel!

Johannes XXIII. hat die Bischöfe der ganzen Welt zusammengerufen, um über die Erneuerung, ein „Aggiornamento", der Kirche zu beraten und Beschlüsse zu fassen. Bezeichnenderweise kündigte Johannes XXIII. das Konzil in der Paulsbasilika an, „fuori le mura", außerhalb der Mauern von Rom. Manche Mitglieder der Römischen Kurie glaubten nicht richtig zu hören. Stimmen wie „Lasst alles beim

Alten!" wurden laut und sind bis heute nicht verstummt. Die Kommentare waren oft nicht sehr liebevoll: Der Papst ist senil! Eine Katastrophe für die Kirche! Einige bemerkten: Gott sei Dank, dieser Greis hat kein jahrzehntelanges Pontifikat vor sich und wir nicht vor uns!

Johannes XXIII. startete das längst fällige Aggiornamento der Kirche. Wer hätte ihm das zugetraut, als er das erste Mal den Segen „Urbi et orbi" erteilte in einer Soutane, die ihm viel zu eng war, denn kein päpstlicher Schneider war auf einen so kräftigen Nachfolger von Pius XII. eingestellt. Ein neues Pfingsten ereignete sich. Türen und Fenster sprangen auf, neue Luft drang ein und vertrieb den Modergeruch aus vatikanischen Schreibstuben. Gar manche bekamen Atemnot und schrien auf: Das ist nicht mehr die katholische Kirche! Und damit begann bereits der Kampf gegen das Konzil.

Das Zweite Vatikanische Konzil hat uns mit Pastoralen und Dogmatischen Konstitutionen, mit Dekreten und Erklärungen beschenkt. Dieses XXI. Ökumenische Konzil hebt sich aber von den vorausgehenden nicht etwa durch neue Auslegungen der katholischen Glaubenslehre ab, sondern durch den neuen Geist, der alle Dokumente durchweht. Sich nur an den Buchstaben, an Wörtern und Sätzen der Texte festzuklammern und das Konzil damit als abgeschlossen zu betrachten hieße, seine Absicht zu verkürzen oder einzuengen. Der Appell des Paulus an die Gemeinde von Thessaloniki „Löscht den Geist nicht aus!" (1 Thess 5,19) richtet sich an die gesamte Kirche.

Worin liegt das spezifisch Neue des Zweiten Vatikanischen Konzils? Wo ist der neue Geist zu spüren? Die Kirche wollte endlich vom triumphalistischen Gehabe abrücken, sich auf ihre pastorale Sendung und ökumenische Ausrichtung besinnen, wollte zum Dialog bereit sein, ja sogar zur Kooperation mit Nicht-Katholiken, Nicht-Christen und allen Menschen guten Willens, auch wenn sie keinen Glauben bekennen: „Achtung und Liebe sind auch denen zu gewähren, die in gesellschaftlichen, politischen oder auch religiösen Fragen anders denken oder handeln als wir. Je mehr wir in Menschlichkeit und Liebe inneres Verständnis für ihr Denken aufbringen, desto leichter wird es für uns, mit ihnen ins Gespräch zu kommen" (GS 28).

Das Konzil zeigt sich offen für neue Werte und hat Verständnis für andere. Einheit wird nicht als graue Uniformität verstanden. Die Katholizität der Kirche schenkt Raum für einen theologischen, liturgischen, disziplinären und spirituellen Pluralismus. Die allgemeinen und unveräußerlichen Menschenrechte und die Gewissensfreiheit werden besonders apostrophiert. Die Kirche will eine „dienende Kirche" sein und sich besonders in den Dienst der Armen und Ausgegrenzten stellen. Diese Aufgabe möchte sie als „Volk Gottes" übernehmen, Laien und geweihte Amtsträger gemeinsam.

Das Konzil als Heilige Synode liegt nun ein halbes Jahrhundert zurück. Und oft haben wir uns in den letzten Jahrzehnten gefragt: Wo ist der Geist des Konzils geblieben? Der Heilige-Geistes-Blitz des Johannes XXIII. erleuchtete den Himmel. Donnergrollen ist immer die Folge dieser gleißenden Naturerscheinung. Nur haben wir das zuckende Licht manchmal der Donnerschläge wegen vergessen! Und wir alle wurden oft und oft ungeduldig, ja sogar wütend. Manche haben sich in eine lähmende Indifferenz verkrochen oder sogar zornig der Kirche den Rücken gekehrt.

Option für die Armen: Medellín, Puebla und Aparecida

Auf den Spuren des Konzils haben die großen Versammlungen der Bischöfe Lateinamerikas und der Karibik Meilensteine gesetzt: Medellín 1968 mit der Option für die Armen, Puebla 1979 mit den Gesichtern der Armut und dem Aspekt ihrer Befreiung, Santo Domingo 1992 mit der Evangelisierung (wenn auch zu wenig im Sinne der Inkulturation) und Aparecida 2007 mit der Handschrift des späteren Papstes. An der Seite des pilgernden Volkes Gottes suchten diese Bischöfe Antworten auf die Herausforderungen der jeweiligen sozialen, politischen, kulturellen und religiösen Situation der Menschen in den einzelnen Ländern. Diese kontinentalen Bischofsversammlungen sind weltweit originell und einzigartig. Es sind keine vom Papst einberufenen Synoden, sondern Initiativen der Ortsbischöfe, im Einverständnis mit dem Nachfolger Petri.

Die erste Versammlung der Bischöfe Lateinamerikas tagte 1955 in Rio de Janeiro während des Pontifikats von Pius XII., noch vor dem Zweiten Vatikanischen Konzil. Damals wurde der Lateinamerikanische Bischofsrat CELAM (Consejo Episcopal Latinoamericano) als ständige Einrichtung ins Leben gerufen. Diesem gehören heute die 22 nationalen Bischofskonferenzen Lateinamerikas und der Karibik an. Auch wenn sich die Debatten vorwiegend mit innerkirchlichen Angelegenheiten befassten, so ist im Schlussdokument von Rio doch das achte von elf Kapiteln den „sozialen Problemen" gewidmet. Die Bischöfe sind zutiefst besorgt über die quälende Situation, unter der viele Menschen leiden, und beklagen die geringen Löhne der Arbeiter auf dem Land und in der Stadt sowie die mangelnden Arbeitsplätze. Im Sinn der kirchlichen Soziallehre sollen sich alle Katholiken für eine gerechte Lösung der Probleme einsetzen, rufen die Bischöfe auf.

Die zweite Lateinamerikanische Bischofskonferenz vom 24. August bis zum 6. September 1968 in Medellín, Kolumbien, hatte das Ziel, die Beschlüsse und Inhalte des Zweiten Vatikanischen Konzils in den lateinamerikanischen Kontext zu stellen. Die Arbeitsmethode folgte dem Grundschema „Sehen, urteilen, handeln": Nach einer gründlichen Analyse der Situation Lateinamerikas sollte die theologische Reflexion im Lichte des Evangeliums und des Zweiten Vatikanischen Konzils die Kirche auf diesem Kontinent zu entsprechenden pastoralen Schwerpunkten führen.

Im Schlussdokument hat Medellín einen neuen Weg und einen Standortwechsel vorgezeichnet. Die Kirche Lateinamerikas erklärte ihre Option für die Armen: „Als Bischöfe möchten wir in Ehrlichkeit und aufrichtiger Brüderlichkeit den Armen immer mehr näherkommen. Das Bewusstsein der Verpflichtung zur Solidarität mit den Armen muss unter uns immer stärker werden. Diese Solidarität bedeutet, dass wir ihre Probleme und ihren Einsatz zu den unseren machen und für sie einzutreten wissen. Diese Haltung wird sich konkretisieren, wenn wir im Kampf gegen eine unerträgliche Situation, in der sich die Armen so oft befinden, Ungerechtigkeit und Unterdrückung anprangern" (DM 14, 9–10).

Medellín inspirierte die lateinamerikanischen Kirchen dazu, „Kirchen der Armen und Unterdrückten" zu werden. Das vom Konzil entflammte neue Pfingsten fängt Feuer. Die befreiende Dimension des Evangeliums kommt zum Tragen. Unzählige kirchliche Basisgemeinden entstehen auf dem ganzen Kontinent. Die Kirche der Armen wird zur Realität. Die Befreiungstheologie übernimmt die an der Basis gelebte Praxis und Erfahrung in ihre Reflexion und vertieft ihren Glaubensgehalt. Eine Kirche entfaltet sich, die auf Dialog zwischen Glauben und Leben, zwischen Evangelium und Gerechtigkeit gründet.

In Medellín hat die Kirche endlich auch nach den Ursachen der tragischen Realität gefragt. „Das Elend, als kollektive Tatsache, ist eine Ungerechtigkeit, die zum Himmel schreit" (DM 1,1), sagt das Schlussdokument bereits im ersten Absatz und spricht dann von „der fehlenden Solidarität als Ursache wahrhafter Sünden auf individueller und gesellschaftlicher Ebene, die sich in den heute für Lateinamerika charakteristischen ungerechten Strukturen zeigen" (DM 1,2). Angesichts der Unterdrückung, des Elends, der Repression damaliger Militärdiktaturen hat Medellín das Hauptaugenmerk den verelendeten Massen in den ländlichen Gebieten und in den Favelas zugewendet und Armut, Not und Tod als Folge ungerechter, insbesondere wirtschaftlicher Strukturen gebrandmarkt.

Elf Jahre nach Medellín versammelten sich die lateinamerikanischen Bischöfe vom 27. Jänner bis zum 13. Februar 1979 in Puebla de Los Ángeles, Mexiko, zu ihrer dritten kontinentalen Konferenz unter dem Thema „Die Evangelisierung in der Gegenwart und Zukunft Lateinamerikas". Viel Beachtung bei den Gesprächen und Diskussionen der Bischöfe fand damals das Apostolische Schreiben von Papst Paul VI. *Evangelii Nuntiandi.*

Seit Medellín hatte sich die Situation verschlechtert. Ungerechtigkeit, institutionelle Gewalt und extreme Armut forderten immer mehr Opfer unter der breiten Bevölkerung. Papst Johannes Paul II. wies bereits bei der Eröffnung darauf hin, dass „Reiche immer reicher werden auf Kosten der Armen, die immer ärmer werden" (DP 30). Die Kirche erkennt die Leidenszüge des Herrn in den Kindern, den Jugendlichen, den Indios und Afroamerikanern, den Campesinos, den Arbeitern, den Arbeitslosen und unterbezahlten Berufstätigen, den Ausgegrenzten in den Favelas, den alten Menschen. Auf diesem Hintergrund wird eine umfassende Befreiung gefordert und damit der pastorale Ansatz von Medellín weitergeführt und verstärkt. Evangelisierung soll „befreiend" sein und alle Dimensionen der menschlichen Existenz umfassen, die gesellschaftliche, politische, wirtschaftliche und kulturelle.

Zu den Basisgemeinden heißt es im Schlussdokument: „Mit Freude heben wir die Ausbreitung der kleinen Gemeinden hervor, als bedeutende und ganz besonders für uns charakteristische Tatsache, als ‚Hoffnung der Kirche'" (DP 629). Die kleinen kirchlichen Basisgemeinden sind eine Frucht und Folge der Option für die Armen. Puebla bestätigt den eingeschlagenen Weg: „Die Konferenz von Puebla übernimmt mit erneuerter Hoffnung auf die Leben spendende Kraft des Heiligen Geistes die Position der II. Vollversammlung, die eine klare und prophetische, vorrangige und solidarische Option für die Armen beschloss. Wir bestätigen die Notwendigkeit einer Bekehrung der gesamten Kirche zur vorrangigen Option für die Armen, die deren umfassende Befreiung beabsichtigt" (DP 1134).

Es handelt sich hier um eine sehr kühne Erklärung. Das Neue an der Option für die Armen ist das befreiende Element. Damit die Armen ihrem Elend entkommen, ist solidarischer Beistand allein unzureichend. Vielmehr soll die „Kirche der Armen" gemeinsam gegen ungerechte und menschenunwürdige Strukturen auftreten und die Armen aus Unterdrückung und Not befreien. Das bedeutet eine wesentliche Umorientierung der Pastoral in Wort und Tat. Es geht darum, Verantwortliche für Ungerechtigkeiten anzuprangern, todbringende Mechanismen beim Namen zu nennen und für das Leben einzutreten. Die Armen sind aufgefordert, ihr Leben aus dem Glauben an den befreienden Gott zu gestalten. Inspiriert von diesem Glauben, werden sie ihre Rechte einklagen. Dieser Entwurf der „Kirche der Armen" hatte eine „Kirche der Märtyrer" zur Folge.

Die Erwartungen, die an die IV. Konferenz der lateinamerikanischen Bischöfe gestellt wurden, die vom 12. bis zum 28. Oktober 1992 in Santo Domingo, Dominikanische Republik, stattfand, hat Johannes Paul II. in seiner Predigt am 12. Oktober 1992 vor dem Kolumbusdenkmal ausgedrückt: „Die Armen können nicht warten!" Gleich zu Beginn der Arbeitsphase bekräftigte ein Bischof vor dem Plenum: „In den letzten Jahren hat sich das Elend vergrößert und wurde zur Misere. Es geht heute um eine Option für die Verelendeten!" Wie Puebla zeigt auch Santo Domingo die Gesichter der Armen auf und nennt die Ursachen für Hunger, Enttäuschung, Demütigung, Angst, Leid, Erschöpfung. Von der Kirche und den Christen wird eine tiefe Bekehrung gefordert angesichts der entstellten Gesichter auf Grund sozialer Ungerechtigkeit, unerfüllter politischer Versprechen, kultureller Missachtung, ständiger Gewalt, mangelnder Fürsorge, Misshandlung und Erniedrigung, fehlender Zuwendung, schwerer Arbeit und unwürdiger Behandlung (vgl. DSD 178).

Schon Puebla hatte 1979 die Gesichter der Armen aufgezeigt. Santo Domingo hat diese Beschreibung 1992 erweitert und von jedem einzelnen Christen und der Kirche eine tiefe Bekehrung angesichts dieser entstellten Gesichter gefordert. Das Antlitz des Herrn (Mt 25,31–46) offenbart sich:

- *in den ausgehungerten Gesichtern, weil Inflation und Auslandsverschuldung soziale Ungerechtigkeiten schaffen;*
- *in den enttäuschten Gesichtern, weil Politiker ihre vielen Versprechen nicht halten;*
- *in den gedemütigten Gesichtern, weil ihre eigene Kultur missachtet oder gar verschmäht wird;*
- *in den von Schreck verzerrten Gesichtern, weil die ständig erfahrene Gewalt vor nichts zurückschreckt;*
- *in den ängstlichen Gesichtern der Kinder, weil sie verlassen und allein durch die Straßen ziehen müssen;*
- *in den leidvollen und beschämten Gesichtern der Frauen, weil sie misshandelt, erniedrigt und verachtet werden;*
- *in den müden Gesichtern, weil Menschen nirgends eine Heimat und eine liebevolle Aufnahme finden;*
- *in den frühzeitig gealterten Gesichtern, weil Menschen trotz ihrer harten Arbeit nicht würdig überleben können.*

Die V. Konferenz der Bischöfe Lateinamerikas und der Karibik vom 13. bis zum 31. Mai 2007 im brasilianischen Nationalheiligtum Aparecida, São Paulo, geht noch einen Schritt weiter. Die Globalisierung ohne Solidarität wirkt sich negativ auf die ärmsten Schichten aus. Dabei gehe es nicht allein um Unterdrückung und Ausbeutung, sondern um etwas Neues, um den gesellschaftlichen Ausschluss. Durch ihn werde die Zugehörigkeit zur Gesellschaft, in der man lebe, untergraben, denn man lebe nicht nur unten, oder am Rande bzw. ohne Einfluss, sondern man stehe draußen. Die Ausgeschlossenen sind nicht nur „Ausgebeutete", sondern „Überflüssige" und „menschlicher Abfall" (DAp 65).

Gleich zu Beginn des Dokuments fordert Aparecida von uns, das Antlitz jener anzuschauen, die leiden. Zu ihnen gehören:

- *die indigenen und afro-amerikanischen Gemeinschaften, die vielfach weder in ihrer Würde anerkannt noch mit gleichen Lebenschancen ausgestattet werden;*
- *viele Frauen, die wegen ihres Geschlechts, ihrer Rasse oder ihrer wirtschaftlich-sozialen Lage aus der Gesellschaft ausgeschlossen werden;*
- *Jugendliche, die nur unzureichend ausgebildet werden, keine Gelegenheit haben, weiterzustudieren, und auch keinen Zugang zum Arbeitsmarkt erhalten;*
- *viele Arme, Arbeitslose, Migranten, Zwangsumgesiedelte, Bauern ohne Land, die in der informellen Wirtschaft zu überleben suchen;*
- *Jungen und Mädchen, die der Kinderprostitution ausgesetzt sind.*
- *Auch die alten Menschen*
- *und die unmenschliche Lage, der die meisten Gefangenen ausgesetzt sind.*

Aparecida beklagt, dass die Urbevölkerung des Kontinents bei Entscheidungen über die Nutzung von Naturreichtümern praktisch ausgeschlossen sei. Amazonien werde geplündert, die Erde vergiftet, Wasser werde zum Handelsgegenstand degradiert und Wasserreserven würden monopolisiert. Weiters betont das Dokument die Bedeutung Amazoniens für die gesamte Menschheit. Ein Entwicklungsmodell sei zu schaffen, „das den Armen dient und das Gemeinwohl fördert".

Bereits in der Vorbereitung hatte sich diese V. Generalversammlung der Bischöfe Lateinamerikas und der Karibik von den bisherigen Konferenzen unterschieden. Alle Diözesen waren eingeladen, Vorschläge, Wünsche, Sorgen und Erwartungen einzubringen. Es war beeindruckend, wie alle Bischöfe, Ordensgemeinschaften, Laienorganisationen bis hin zu Einzelpersonen diesem Aufruf gefolgt sind. Die nationalen Bischofskonferenzen fassten die nach Themen gegliederten Beiträge zusammen. Aus all diesen Dokumenten erstellte der CELAM ein Resümee als Ausgangspunkt für die Diskussionen und Beratungen in Aparecida.

Ich bin überzeugt, dass dem damaligen Kardinal Bergoglio dieses Modell einer Kirche als Gemeinschaft von Bischöfen, Priestern und Laien auch für die Weltkirche vorschwebt.

Die Befreiungstheologie lebt in den Gemeinden

Die Befreiungstheologie steht heute in Lateinamerika nicht mehr so explizit im Vordergrund wie in ihren Anfangszeiten. Es wird nicht mehr so oft von ihr gesprochen. Das ist auch eine Folge davon, dass sie sehr angefeindet wurde, in jeder Hinsicht, auch von Bischöfen und durch Instruktionen aus Rom. Aber es geht nicht um das Wort Befreiungstheologie, sondern es geht um das Anliegen. Und den Anliegen der Armen, der Ausgegrenzten, der an den Rand Gedrückten gilt bis heute die Sorge der Kirche in Brasilien. Das kommt hier mehr, dort weniger zum Ausdruck, unterschiedlich je nach Diözese und Bischof, aber sie ist der Grundton, der überall durchklingt.

Wenn der Bischof dieses Anliegen zu dem Seinen gemacht hat und davon überzeugt ist, funktioniert es natürlich besser als in anderen Situationen, wo Bischöfe zum Beispiel nur auf die charismatische Bewegung setzen. Da ist dann mehr die Mittelschicht angesprochen, aber nicht die ländliche Bevölkerung. Diese Bischöfe meinen, die Zeit der Basisgemeinden sei abgelaufen und die Befreiungstheologie existiere nicht mehr. Es ist sogar vorgekommen, dass ein Bischof aus Brasilien nach Rom ging und zu Papst Johannes

Paul II. sagte: „Lieber Heiliger Vater, machen Sie sich keine Sorgen, die Befreiungstheologie ist längst tot."

Kompletter Unsinn! Die Anliegen dieser Theologie sind nach wie vor aktuell. Das kommt in den Grundsatzerklärungen der Brasilianischen Bischofskonferenz auch klar zum Ausdruck. Wenn es in der Bischofskonferenz zu Abstimmungen kommt, dann sind die skeptischen Bischöfe zurückhaltend. Selbst wenn sie in ihrer eigenen Diözese anders handeln, ist ihnen bewusst, dass diese befreiende Theologie in der Bischofskonferenz unbestritten ist. Es geht um eine Theologie vom Evangelium her, die auf die Armen zugeht. Die Armen sind die Geliebten des Vaters. Schon im Alten Testament wird das Volk ermahnt, dass es sich der Waisen, der Witwen und der Fremden annehmen soll.

Die Nummer 65 des Dokumentes von Aparecida weist darauf hin, dass es „nicht allein um Unterdrückung und Ausbeutung" geht, „sondern um etwas Neues, um den gesellschaftlichen Ausschluss. Durch ihn wird die Zugehörigkeit zur Gesellschaft, in der man lebt, untergraben, denn man lebt nicht nur unten oder am Rande bzw. ohne Einfluss, sondern man steht draußen." Diese Ausgeschlossenen sind nicht nur „Ausgebeutete", sondern „Überflüssige" und „menschlicher Abfall". Das sind die alten Leute, das sind die Kinder, das sind alle, die nicht in die wirtschaftlichen Produktionsprozesse eingebunden sind. Das sind vor allem die Indios, weil sie von dem leben, was sie selbst anbauen und ernten, also aus der Sicht der Wirtschaft nicht für den Markt produzieren und nicht als Konsumenten zum Umsatz, zum Bruttoinlandsprodukt beitragen.

Diese Aussage von Aparecida ist der klare Beweis dafür, dass für die Kirche das Leben und Überleben der indigenen Völker Priorität hat. Ein Großteil der brasilianischen Gesellschaft sieht die Indios bis heute als überflüssig an, weil sie dem wirtschaftlichen Fortschritt im Wege stehen, weil sie in Gebieten sitzen, die reich an Bodenschätzen sind oder an Regenwald oder an Flüssen, die für Kraftwerke genützt werden könnten. Was können wir als Kirche gegen dieses niederträchtige, todbringende System tun, dieses System, das den indigenen Völkern ihren Lebensraum raubt? Solche Erwägungen sind Befreiungstheologie pur. Wir haben auch als Kirche in Brasilien gemeinsam mit den indigenen Völkern schon einiges erreicht, zum Beispiel die Verankerung der Rechte der indigenen Bevölkerung in der Verfassung von 1988. Dass wir ganz besonders für diese Menschen da sein wollen, die auf der Schattenseite der Gesellschaft leben, darüber gibt es keinen Zweifel.

Im Unterschied zu den 1980er Jahren gibt es heute um die Befreiungstheologie keine großen Diskussionen und Auseinandersetzungen mehr. Sie ist wie selbstverständlich in den Alltag eingegangen. In Europa hatte man diese Theologie der Befreiung oft als verkappten Marxismus hingestellt. Aber das ist alles nicht wahr. Sie hat ihr Fundament in der Bibel und vertritt das Gegenteil jenes Bildes eines fernen Gottes, von dem es in der Ode „An die Freude" von Friedrich Schiller heißt: Brüder – über'm Sternenzelt muss ein lieber Vater wohnen. Die Befreiungstheologie will aufzeigen, dass Gott nicht über dem Sternenzelt wohnt, sondern bei uns ist, mit uns den Weg geht. Wenn der Priester in Brasilien sagt, „Der Herr sei mit euch", antworten die Gläubigen deshalb: „Er ist in unserer Mitte."

Die Befreiungstheologie hat nach wie vor ihren Stellenwert und ihre Heimat in den Basisgemeinden, die auf lateinamerikanischem Boden gewachsen sind. Dagegen sind die neuen Bewegungen – katholische Movimenti und Pfingstbewegungen – alle im Ausland entstanden und nach Lateinamerika importiert worden. Ich möchte diesen Bewegungen keinesfalls ihren Wert absprechen, aber ich möchte ganz bewusst die je eigene Erfahrung der kirchlichen Basisgemeinden in Lateinamerika hervorheben. Wir können die Talente, die wir in Lateinamerika bekommen haben, nicht vergraben. Aber wir können sie nur über den Teich bringen, wenn eine entsprechende Offenheit dafür da ist.

Diese Offenheit für die Befreiungstheologie hat es in Rom zu keiner Zeit gegeben. Die Aufbruchstimmung nach dem Konzil war eine Ausnahme. Aber diese Phase hat in den 1980er Jahren eine kalte Dusche erlebt. Anstatt auf die Kirche in Lateinamerika zuzugehen, hat man von vornherein gesagt, die Befreiungstheologie habe ausgedient. Eine Theologie, die auch auf dem Boden lateinamerikanischer Märtyrer gewachsen ist und immer noch wächst, kann nicht ausgedient haben. Keine große Theologie hat ausgedient. Ich würde ja auch nie behaupten, dass Thomas von Aquin (1225–1274) ausgedient habe.

Es gibt in Lateinamerika nicht anders als in Europa leider auch jüngere Priester, die eine Berufung auf das Zweite Vatikanische Konzil als Nostalgie betrachten. Sie vertreten gern die Institution Kirche. Sie freuen sich, dass ihr Stellenwert als Priester in manchen Movimenti groß herausgestrichen wird. Diese Priester sind angesehen, das möchte ich überhaupt nicht in Abrede stellen. Aber es gibt einen wesentlichen Unterschied: Die anderen Priester, die aus der Befreiungstheologie herauskommen, die hat das Volk an der Basis wirklich gern. Diese Priester treten für das Konzil ein und stehen auf der Seite der Armen. Und wenn sie für die Menschenrechte eintreten, geraten sie manchmal mit Behörden in Konflikt.

Ich komme aus der KAJ, der Katholischen Arbeiterjugend. Daher spielt für mich auch die katholische Soziallehre eine wichtige Rolle. Man hatte vielfach gemeint, der Dreischritt Sehen – urteilen – handeln, der fast allen unseren Dokumenten zugrunde liegt, sei spezifisch lateinamerikanisch. In Wirklichkeit stammt dieser Dreischritt von Joseph Cardijn (1882–1967), dem Begründer der internationalen christlichen Arbeiterjugend. Es geht darum, die konkrete Realität zu sehen, den Schrei der Armen zu hören, dann ihre Situation im Lichte des Wortes Gottes zu analysieren und daraus entsprechende Konsequenzen in Form von Einsatz und Aktionen zu ziehen. Später sind diese drei Schritte durch eine periodische Evaluierung und die für Lateinamerika so wichtige Dimension des Feierns ergänzt worden.

Der Dreischritt war und ist für die theologische Reflexion in Lateinamerika ausschlaggebend. Den von Rom empfohlenen Weg habe ich zuletzt Ende November 2013 bei einem Missionskongress der beiden Amerika erlebt. Es gab zunächst vier Vorträge und die Teilnehmer erhielten davon ein Resümee. Es war dann unsere Aufgabe, Vorschläge zu machen, wie wir diese Vorgaben auf unsere konkrete Situation in Lateinamerika anwenden könnten. „Top down" sozusagen, von oben nach unten.

Das war für uns ungewohnt. Wir gehen, wenn man so will, „bottom-up" vor, von unten nach oben: Wie schaut die Realität aus, in welcher Situation befinden sich die Menschen? Die Leute sind arm, sie sind ausgegrenzt. Wir sehen das, hören es, spüren es. Von dieser Realität aus versuchen wir uns im Lichte des Evangeliums ein Urteil zu bilden. Wir fragen, warum ist das so? Ein solcher Zustand fällt ja nicht vom Himmel. Armut ist kein Schicksal, Armut wird gemacht, jemand ist verantwortlich dafür. Der dritte Schritt ist dann das Handeln: Was können wir als Kirche wirklich tun? Wie können wir beispielsweise bei den Behörden vorstellig werden und verlangen, dass die Menschenrechte und die Verfassung respektiert werden?

Ich hatte bei diesem Missionskongress ein Referat zu halten über Prophetie und Martyrium und habe natürlich bei dem Forum, zu dem ich eingeladen war und für das zwei Nachmittage vorgesehen waren, den Weg eingeschlagen, den ich gewohnt bin. Interessant war, wie ein Herr Professor aus Rom den sogenannten Missionsauftrag bei Matthäus 28,19–20 verkürzt zitiert hat: „Darum geht zu allen Völkern und macht alle Menschen zu meinen Jüngern; tauft sie auf den Namen des Vaters und des Sohnes und des Heiligen Geistes, und lehrt sie, alles zu befolgen, was ich euch geboten habe." Punkt! Ich habe ihn darauf hingewiesen, dass der Punkt hier falsch gesetzt sei. Denn bei Matthäus 28,20 heiße es noch weiter: „Seid gewiss: Ich bin bei euch alle Tage bis zum Ende der Welt." Diese Zusicherung der Gegenwart Jesu, das Mit-sein Jesu auf dem Weg durch die Zeit, ist für die Leute in unseren Gemeinden eine fundamentale Glaubensüberzeugung. Der Gott der Bibel ist „Immanu-El", „Mit uns (ist) Gott".

Nach wie vor sind viele in Rom der Überzeugung, dass es darum gehe, vermeintlich religionslosen Heiden das Evangelium zu bringen. Sie laufen damit Gefahr, den Menschen anderer Rassen und Kulturen das Evangelium im abendländischen Gewand einfach überzustülpen. Sie vergessen, dass Gott schon vor den Missionaren da war. Die Evangelisierung muss von den Kulturen der Völker ausgehen und sie muss vor allem die Kulturen der indigenen Völker respektieren, verstehen lernen und verteidigen. Der Missionsauftrag meint Inkulturation. Johannes Paul II. sagte 1992 im Indira-Gandhi-Stadion von Neu-Delhi: „Gott ist gegenwärtig in den Kulturen Indiens." Diese Überzeugung des Papstes bezieht sich ganz sicher auch auf die traditionellen indigenen oder afro-amerikanischen Kulturen in Lateinamerika.

ZWEITES KAPITEL

Mein Einsatz für Mensch und Mitwelt

5. Bedrängnisse, Anschläge und Todesopfer

„Sie haben den Falschen erwischt"

Ein wichtiges Lebensziel, das ich zusammen mit unseren Leuten nicht habe erreichen können, war es, den Staudamm Belo Monte zu verhindern. Wir hatten doch sehr lange Jahre gehofft, dass das möglich sein würde, zumal die Staatsanwaltschaft immer auf unserer Seite gestanden ist.

Was ich mir als Bischof persönlich niemals hätte vorstellen können, waren die Konfrontation mit der Militärpolizei auf der Transamazônica zu Pfingsten 1983 (siehe oben) und der inszenierte Autounfall im Oktober 1987. Nie hätte ich gedacht, dass mir jemand nach dem Leben trachten könnte, aber ich bin im Rückblick überzeugt, dass dieser Autounfall bis ins Kleinste vorbereitet war. Auch dass Menschen wie mein Mitbruder Hubert Mattle oder die Ordensschwester Dorothy Mae Stang kaltblütig erschossen würden, hätte ich nicht einmal im schrecklichsten Albtraum geträumt.

Ich selbst bin bei dem Autounfall am 16. Oktober 1987 schwer verletzt worden. Die Ursachen des Unglücks sind bis heute ungeklärt. Kenner haben wenig Zweifel daran, dass der „Unfall" ein exakt vorbereiteter und geplanter Anschlag gewesen sei. Dieser Zusammenstoß auf der Transamazônica war eines der erschreckendsten Ereignisse meines Lebens. Ein Kleinlastwagen ist mit hohem Tempo direkt auf uns zugerast und hat unser Auto gerammt. Der junge Priester Salvatore Deiana starb an meiner Seite. Ich kann mich noch genau erinnern, dass ich ihn angesprochen und ihm auf die Schulter geklopft habe. Er gab mir keine Antwort mehr. Er war tot.

Obwohl schwer verletzt, habe ich das Bewusstsein nicht verloren. Ich wurde zunächst in ein Spital in Altamira gebracht und dann am nächsten Tag nach Belém geflogen. Sechs Wochen war ich im Hospital Guadalupe. Die Schmerzen aufgrund der Verletzungen waren in der ersten Woche ein Wahnsinn. Die Backenknochen waren gebrochen, die vorderen Oberkieferzähne eingeschlagen. Die Nächte waren unendlich lang. Nach ein paar Momenten Schlaf hatte ich den Eindruck, der Morgen sei bereits angebrochen. In Wirklichkeit war es erst zehn Uhr abends. Es tut mir heute noch weh, wenn ich daran denke.

Als der Leichnam von Pater Salvatore ins Krankenhaus gebracht wurde, ging es wie ein Lauffeuer durch Altamira: Der Bischof ist im Spital und liegt im Sterben. Pater Tore ist tot. Genau zu diesem Zeitpunkt kam ein Mann mit einem breitkrempigen Hut ins Krankenhaus und fragte, ob er den Leichnam sehen könne. Bis heute weiß niemand, wer dieser Mann war. Als er den toten Pater sah, reagierte er mit den Worten: Sie haben den Falschen erwischt.

Ich habe am Anfang trotzdem nicht geglaubt, dass der Unfall inszeniert gewesen sei. Aber nach zehn Tagen, in denen ich nicht ansprechbar war, kam eine Journalistin ins Spital und erklärte mir, ich solle ja nicht glauben, dass der Zusammenstoß nur ein gewöhnlicher Unfall gewesen sei. Sie habe Hintergrundinformationen, die einen ganz eindeutigen Hinweis auf einen inszenierten Mordanschlag geben. Das war am 26. Oktober 1987. Am 16. Dezember war ich wieder zurück in Altamira.

Die Leute in Altamira haben mich herzlich empfangen. Wir feierten den Gottesdienst vor der Kathedrale unter freiem Himmel. Ich war noch sehr von meinen Verletzungen gezeichnet. Aber die Leute haben gemeint, gut, er schaut jetzt zwar ein bisschen anders aus, aber er ist nach wie vor Dom Erwin. Als ich nach dem Gottesdienst über die Praça zum Diözesanhaus gegangen bin, hat mich auf halber Strecke, etwa 20 Meter vor dem Eingang, eine Dame angesprochen. Sie wollte mit mir privat reden. Wir sind hineingegangen und sie hat mir unter vier Augen genau dasselbe gesagt wie die Journalistin in Belém. Die Frau meinte, sie wüsste genau, woher das komme.

Ich wollte das noch immer nicht glauben, aber es hat sich dann Mosaikstein um Mosaikstein zu diesem Bild zusammengefügt, dass der Unfall de facto ein Mordanschlag gewesen ist. Ich weiß bis heute nicht, wer genau dahintergesteckt hat. Es ist nie zu einer Verhandlung gekommen. Ich bin ja am Steuer gesessen bei einem Unfall, den jemand nicht überlebt hat. Ich hätte doch zumindest verhört werden müssen.

Immer wieder bezahlen Priester und Ordensleute ihren Einsatz in Amazonien mit dem Leben. Mein Mitbruder Hubert Mattle wurde am 10. Oktober 1995 von zwei Männern direkt vor dem Sozialbüro der Prälatur in Altamira erschossen. Ich habe dabei mehr verloren als einen Mitbruder. Auch Hubert Mattle stammte aus Vorarlberg und ist wie ich dort aufgewachsen. Er in Götzis, ich in Koblach. Wenn wir über unsere alte Heimat ins Gespräch kamen, plauderten wir gerne in unserer Vorarlberger Mundart. Obwohl er 1956, neun Jahre vor mir, nach Brasilien an den Xingu gekommen ist, hat er seinen Alt-Götzner Akzent bewahrt. Oft lachten wir über die kleinen lautmalerischen Unterschiede zwischen den Dialekten der nur zwei Kilometer voneinander entfernten Nachbargemeinden Götzis und Koblach.

Einer der Verbrecher, Júnior, hat sich später öffentlich gerühmt, Bruder Hubert „abgeknallt" zu haben. Er wurde zwei Mal verhaftet, konnte zwei Mal unter mysteriösen Umständen aus dem Gefängnis fliehen und wurde in Abwesenheit zu 74 Jahren Haft verurteilt. Das ist die große Ausnahme von der Regel in Brasilien, dass die Justiz einen Pistoleiro ereilt. Einer der Täter ist auch bei diesem Prozess freigekommen. Júnior wurde später selbst erschossen, als er einen Raubüberfall verübt hat. Er war einer dieser Pistoleiros, die für alle möglichen kriminellen Machenschaften angeheuert werden können.

Am 12. Februar 2005 wurde Schwester Dorothy Mae Stang mit fünf Schüssen kaltblütig niedergestreckt. Sie war im Jahr 1982 aus den USA an den Xingu gekommen. Ich erinnere mich gut an unsere erste Begegnung. Sie sagte mir: „Ich möchte unter den Ärmsten der Armen arbeiten". Ich war zunächst ein wenig reserviert. Denn es war nicht das erste Mal, dass mir jemand sagte, er oder sie wolle hier mit den Armen leben. Ich erzählte ihr ein paar Einzelheiten, damit sie eine Vorstellung von der Realität am Xingu bekam. Zu meinem Erstaunen stellte sie aber keine weiteren Fragen und bat mich nur um mein Einverständnis, dass sie wenigstens den Versuch startet, inmitten der armen Leute zu leben.

Mit Siedlern und Kleinbauern setzte sie ein nachhaltiges landwirtschaftliches Entwicklungsprojekt durch, das Großgrundbesitzern und lokalen Politikern ein Dorn im Auge war. Ab und zu kam sie nach Altamira zurück, um bei den Behörden die Rechte der Kleinbauern einzufordern oder Missbräuche und Drohungen von Landräubern und Großgrundbesitzern anzuzeigen.

Es dauerte nicht lange, bis die ersten Drohungen auftauchten. Die selbst ernannten „Eigentümer" des Landes begannen, sie zu verleumden und zu diffamieren. Dorothy lebte dieses schwierige, ermüdende und extrem erschöpfende Leben bis zum Morgen jenes schicksalhaften Samstags, an dem sie um 7.30 Uhr erschossen wurde. Auch dieses Verbrechen war bis ins kleinste Detail geplant. Und die Verantwortlichen für ihren Tod sind nicht nur die Männer, die verurteilt wurden und im Gefängnis sitzen. Am 15. Februar 2005 habe ich Schwester Dorothy beerdigt. Nie in meinem Leben spürte ich in meinem Herzen so viele widersprüchliche Gefühle, und selbst heute kann ich nicht beschreiben, was ich damals wirklich fühlte.

Dorothy war zehn Tage vor ihrem gewaltsamen Tod noch bei mir gewesen. Ich bat sie, auf sich aufzupassen. Denn ich hatte sie schon mehrere Male gegen verbale Angriffe verteidigen müssen. Großgrundbesitzer sind sogar zu mir gekommen und haben verlangt, dass ich diese Ordensfrau aus dem Verkehr ziehe. Ich antwortete: Kommt nicht in Frage! Schwester Dorothy macht gute Arbeit. Sie steht auf der Seite der Bauern, der kleinen Landwirte. Ich habe absolut keinen Grund, sie aus ihrer Gemeinde abzuziehen.

Ich habe gespürt, dass diese Drohungen sehr ernst waren und dass sie bis zur physischen Gewalt gehen könnten. Aber ich habe nie daran glauben wollen. Dorothy selbst auch nicht. Sie hat daher den Polizeischutz abgelehnt, der ihr angeboten wurde. Sie war damals im 74. Lebensjahr und meinte, wer wird denn schon einer alten Ordensschwester etwas antun. Außerdem hat sie sich relativ sicher gefühlt, weil sie US-Amerikanerin war. Die Großgrundbesitzer würden sich wegen ihrer ausländischen Staatsbürgerschaft nicht getrauen, gegen sie vorzugehen.

Rayfran das Neves, der Todesschütze, wurde am 10. Dezember 2005 zu 27 Jahren Haft im geschlossenen Vollzug verurteilt. Wenn in Brasilien das Strafausmaß 20 Jahre übersteigt, hat der Angeklagte das Recht auf Überprüfung des Prozesses mit anderen Geschworenen. Am 23. Oktober 2007 bestätigten diese einstimmig den Spruch. Die Verteidigung legte Berufung ein, der das Gericht am 17. Dezember 2007 mit sechs gegen fünf Stimmen aufgrund eines „technischen Fehlers" stattgab. Der Anwalt konnte die Strafkammer mit seinem Argument überzeugen: Nicht sein Mandant habe die Schwester bedroht, sondern er fühlte sich bedroht, von 50 bewaffneten Männern, den Siedlern von Dorothy. Diese Tatsache habe der Richter Raimundo Moisés Alves Flexa bei der Unterweisung der Geschworenen nicht zur Sprache gebracht.

Ein solcher Zynismus ist kaum zu überbieten. Die Ordensfrau war in ihrer Todesstunde nur mit einem jungen Mann unterwegs. Als sich ihr zwei Männer, der spätere Mörder und sein Begleiter, in den Weg stellten und sie fragten, ob sie bewaffnet sei, holte sie die Bibel aus ihrer Tasche und zitierte aus der Bergpredigt: „Selig, die keine Gewalt anwenden; denn sie werden das Land erben" (Mt 5,5).

Die Justiz ist träge und hat Sand in den Augen

Seit vielen Jahren ist in Brasilien eine neue Kategorie von Konquistadores aufgetaucht: notorische Landräuber, die öffentliches Land erschwindeln. Sie halten sich Privatmilizen, um ihre Interessen durchzusetzen, und benutzen ihren politischen und finanziellen Einfluss, um im Besitz riesiger Gebiete zu bleiben. Die Familien der Kleinbauern werden zur Zielscheibe dieser selbsternannten „Eigentümer". Wer sich ihrem Streben nach dem vermeintlichen Fortschritt in den Weg stellt, wird eingeschüchtert, bedroht, diffamiert, verfolgt oder gar getötet.

Dabei machen sich diese selbsternannten Gebieter über Leben und Tod nicht selbst die Hände schmutzig. Als Vollstrecker ihrer Todesurteile heuern sie Pistoleiros oder private Sicherheitskräfte an, die mit erschreckender Kaltblütigkeit zu Tode prügeln, mit dem Buschmesser angreifen, erhängen, das Opfer mit Kugeln durchsieben oder vergewaltigen, bevor sie den Todesstoß versetzen. Die abscheulichen Verbrechen an indigenen Kindern, Frauen, Männern und Greisen begehen sie vor den Augen von Kindern, Frauen, Nachbarn oder anderen Zeugen sogar am helllichten Tag. Eine Strafverfolgung fürchten sie nicht, denn sie wissen, dass ein spitzfindiger Anwalt alle Rechtsmittel ausschöpfen wird, um sie vor dem Gefängnis zu bewahren, selbst wenn sie ein Gericht zu jahrelanger Haft verurteilte.

Eines der vielen Opfer war Ademir Alfeu Federicci, genannt Dema. Als einer der Leiter in der kirchlichen und politischen Gemeinde hatte er immer die Rechte der Kleinbauern verteidigt und um eine bessere Zukunft für die Männer und Frauen auf dem Land gekämpft. Am 23. August 2001 schrieb Dema einen Brief, durch den er die Bundespolizei bei ihren Ermittlungen gegen die Landschwindler mit Daten und Fakten unterstützte. Zwei Tage später wurde er in seinem Haus in Altamira brutal niedergeschossen. Er fiel vor seiner Frau, Maria da Penha, zu Boden. Seine letzten Worte waren: „Maria, sorg für unsere Kinder!" Dann war er tot. Bis heute sind die Ermittlungen zu Demas Ermordung nicht abgeschlossen. Er wurde ermordet, weil er seine Stimme unter anderem auch gegen das Projekt des Wasserkraftwerks Belo Monte erhoben hatte.

Auch von den Mördern, die zwischen April 1997 und April 2007 das Leben von 257 Indios ausgelöscht haben, mussten sich bisher nur acht Täter für vier Morde vor Gericht verantworten. Alle wurden verurteilt. Vier Verbrecher sind jedoch auf freiem Fuß, weil unklar ist, in welcher Form die Strafe zu verbüßen ist. Trotz der vielen Opfer befassen sich die Gerichte lediglich mit weiteren acht Verbrechen. Noch nicht abgeschlossen sind die Untersuchungen in vier Fällen. Anklage gegen 16 vermutliche Täter wurde in den anderen Fällen erhoben. Bloß vier von ihnen sind in Untersuchungshaft, die anderen warten in Freiheit auf den ersten Prozess vor Geschworenen oder auf die Verhandlung über ihre Berufung. Monate und Jahre verstreichen und die Angehörigen der Opfer bangen, ob wohl die Gerechtigkeit siegen werde.

Der Prozess gegen den Mörder des Jesuitenbruders Vicente Cañas, der sich für die Demarkierung des Gebietes Enawenê-Nawê einsetzte, fand erst 19 Jahre nach dem Verbrechen und sechs Monate vor der Verjährung statt. „Freispruch aus Mangel an Beweisen", lautete das Urteil. Das ist System. Nach so langer Zeit ist klar, dass sich niemand genau an jene Einzelheiten erinnern kann, die einen Schuldspruch erwirkt hätten.

Die unzulängliche Strafverfolgung empört uns gleichfalls bei anderen Opfern von Landkonflikten. In der Region am Oberen Xingu führen Großgrundbesitzer, Landspekulanten, Holzhändler und Geschäftsleute seit Jahren buchstäblich Krieg gegen Kleinbauern und Landarbeiter. Nur ein Beispiel: Allein zwischen Juli 2006 und April 2007 registrierte die regionale Kommission für Landpastoral (CPT) zwei versuchte Mordanschläge und vier Ermordungen, darunter den des 11-jährigen Sohns eines Landarbeiters. Lediglich ein Verbrecher wurde ausgeforscht. Wenn überhaupt polizeiliche Untersuchungen eingeleitet werden, sind sie oberflächlich oder einseitig. Und so mancher Täter wartet bereits auf den nächsten Auftrag. Aber die Justiz ist völlig überfordert, im Gefängnis ist kein Platz mehr. Dort herrschen un-menschliche Zustände. Die Gefangenen sind in die Zellen gepfercht, zehn Leute mit einer Latrine. Da kann man über einen humanen Strafvollzug überhaupt nicht mehr diskutieren. Wenn diese Menschen wieder aus dem Gefängnis kommen, sind sie seelisch hingerichtet, sie sind, man muss das fast so drastisch sagen, beinahe wie Tiere.

Natürlich funktioniert die Justiz auch dann oft nicht, wenn jemand das nötige Kleingeld hat. Ich habe einen Fall angezeigt, wo Kinder sexuell missbraucht worden sind. Von den Angezeigten ist keiner verurteilt oder gar eingesperrt worden. Keiner. Die Mädchen, die missbraucht wurden, sind für ihr ganzes Leben gezeichnet. Die sind fertig, deren Leben ist gelaufen – mit einer einzigen Ausnahme, Natalie. Sie kam zu mir und ich konnte sie überzeugen, weiterhin zur Schule zu gehen. Alle anderen sind weg. Einige sind mit zwölf und dreizehn Jahren schwanger geworden. Andere sind sicher im Rotlichtmilieu gelandet.

Diese Monster von Männern haben diese jungen Leben zerstört. Die Eltern und die Lehrerin sind damals zu mir gekommen und haben mir die grausame Situation geschildert. Sie haben auch Beweise vorgelegt. Aussagen der Mädchen, die ich heute noch bei mir im Archiv unter Verschluss habe. Ich habe daraufhin die ganze Justiz mobilisiert, angefangen vom Justizministerium bis zum Staatssekretariat für öffentliche Sicherheit im Bundesstaat Pará. Die haben postwendend reagiert und am nächsten Tag eine ermitelnde Polizistin nach Altamira geschickt. Die hat mich angerufen und gesagt, sie sei die Polizeikommissärin im Auftrag des Gouverneurs von Pará, sie möchte dringend mit mir reden. Sie hat mich vier Stunden angehört und ein

Protokoll über meine Aussagen verfasst, das ich unterschrieben habe, Als ich dann hinausgegangen bin, ist bereits einer von diesen Typen, die die Mädchen missbraucht hatten, im Vorzimmer gesessen.

Wie ein Lauffeuer ging es durch die Stadt: Der Bischof hat Anzeige erstattet. Ich bin in allen Fernsehkanälen interviewt worden. Auf die Frage, was ich den Betroffenen vorwerfen würde, habe ich gesagt, diese Männer seien Monster, die hinter Schloss und Riegel gehörten. Was die mit den Mädchen angestellt haben, hat deren Leben zerstört. Die Folgen sind noch gar nicht absehbar. Was der Bischof gesagt hat, hat den Geschäftsleuten, einem Gynäkologen und einem Mandatar in der Stadtregierung nicht gefallen und sie begannen, mir ganz offen mit Mord zu drohen: Dieser Bischof muss weg!

Die Mutter von einem der Verbrecher hat in dieser Zeit einen Herzinfarkt erlitten. Sie wurde noch nach Belém ins Krankenhaus überstellt und ist dort gestorben. Als die Frau tot nach Altamira zurückgebracht wurde, hat es geheißen: Diese Frau hat den Bischof angeprangert, und jetzt ist sie tot! Da raunten sich die Leute dann gleich hinter vorgehaltener Hand zu: Hat der Bischof nicht etwa die Frau verflucht? Hat sie der Fluch des „Medizinmannes" getroffen? Ich habe dann bei einem Gottesdienst in der Kathedrale den Leuten ganz unmissverständlich erklärt, dass ich nie Hass oder Rachegefühle in mir aufkommen lasse. „Im Gegenteil", verriet ich den Leuten, „ich habe den Leichnam der Frau, wenn auch aus der Ferne, eingesegnet, weil sie Katholikin war."

Mein eingeschränktes Leben unter Polizeischutz

Ich selbst bin seit dem 29. Juli 2006 unter Polizeischutz. Ich habe einmal gefragt, ob man das nicht aussetzen könne. Aber zu Weihnachten 2006 kam dann noch die Drohung, dass ich den 29. Dezember nicht überleben würde. Seither hat mich der Personenschutz nicht mehr verlassen. 2009 bin ich zum Polizeichef gegangen, mit einer Anwältin von Justitia et Pax, und habe angefragt, ob es nicht möglich sei, den Personenschutz einzustellen. Der Polizeichef gab zu bedenken: „Sie leben gefährlich, und man weiß nie, was Verbrecher im Schilde führen. Es kann natürlich sein, dass trotz Polizeischutz etwas passiert, aber in dem Augenblick, wo Sie den Schutz nicht mehr haben, sind Sie ausgeliefert, dann sind Sie für diese Mafia Freiwild. Wenn Sie das trotzdem wollen, müssen Sie das schriftlich einreichen, und was immer dann passiert, wird sich der brasilianische Staat die Hände waschen und sagen, Sie hätten den Schutz abgelehnt."

Mein Leben hat sich seither total verändert. Ich bin irgendwie gefangen im eigenen Haus. Ich kann nicht mehr allein durch die Stadt gehen. Das hat mir am Anfang sehr wehgetan, weil ich das sehr gern getan habe. Nach fünf Uhr, wenn die Sonne nicht mehr so heiß ist, habe ich meine Wege zu Fuß durch die Stadt gemacht, und da wurde ich natürlich auf Schritt und Tritt von den Leuten angesprochen, auf einen Kaffee eingeladen. Ich war nahe bei den Menschen und die Menschen waren mir nahe. Diese Freiheit vermisse ich sehr.

Auch zu Geburtstagsfesten kann ich nicht mehr hingehen. Die Leute sagen zwar, bring doch die Polizisten mit. Aber ich fühle mich nicht ganz wohl dabei, dass ich überall mit zwei Polizisten erscheinen muss. Auch wenn ich Tage oder Wochen auf dem Schiff unterwegs bin, ist das eine sehr beengende Situation. Insgesamt sind es vier Polizisten, die einander ablösen, immer zwei und zwei. In der Regel sollten sie öfter ausgewechselt werden, weil sich kein Freundschaftsverhältnis zur bewachten Person entwickeln dürfe. Aber ich habe gebeten, dass ich immer dieselben haben kann, weil ich sie kenne und es seine Zeit braucht, eine gute zwischenmenschliche Beziehung aufzubauen.

Jetzt gehören die vier zu unserem Haus, sie essen am gleichen Tisch. Sobald ich in Altamira ankomme, werde ich am Flughafen von zwei Polizisten erwartet. Sie haben immer meine monatliche Agenda und wissen genau, wann ich wo ankomme oder bin. Das wird wohl bleiben, solange ich als Bischof vom Xingu im Amt bin. Als emeritierter Bischof werde ich dann vielleicht ein paar Monate in Europa sein, dann wird sich diese Geschichte wohl im Sand verlaufen.

Das Recht, allein zu kommen und zu gehen, wo und wann immer ich es will, habe ich verloren. Die innere Freiheit aber kann mir niemand nehmen. Ich sage nach wie vor, was ich denke, auch in der Gegenwart der Polizisten. In den Gemeinden, bei Versammlungen, Begegnungen und bei den Gottesdiensten, sind sie immer mit dabei, auch drei Mal am Sonntag, wenn ich drei Mal zelebriere. Ich frage manchmal eine Ordensschwester, wie oft sie am Sonntag bei der Eucharistiefeier dabei sei? „Ein Mal natürlich", ist ihre Antwort. Ich erwidere mit einem Schmunzeln: „Meine Polizisten gehen oft drei Mal!"

Vor einiger Zeit haben die Polizisten mir verraten, dass sie sich firmen lassen wollen. Immer am Samstagnachmittag hat eine Schwester sie auf deren Wunsch auf die Firmung vorbereitet. Also habe ich die Polizisten am 8. August 2013 gefirmt. Es war ein schönes Fest, einer hat dabei auch gleich kirchlich geheiratet.

Ja, man lernt damit zu leben. Seit meiner Festnahme auf der Transamazônica und dem inszenierten Autounfall habe ich angefangen, sehr viel zu relativieren. Ich habe gelernt, dass das Leben auch mit Leid und Schmerz zu tun hat, und ich habe gelernt, mich immer mehr auf Menschen einzustellen, die durch eine solche Lebensphase gehen, die Menschen dort abzuholen, wo sie wirklich sind. In solchen Situationen lernt man auch anders beten. Ich bin überzeugt, dass Not beten lehrt. Wie soll es weitergehen, was kommt auf mich zu, gibt es eine Zukunft? Diese bohrende und nagende Ungewissheit kann nur in das stille, vertrauensvolle Gebet münden. Und dieses Gebet lässt die Hoffnung nicht sterben. Als ich mich das erste

Mal nach dem Autounfall im Spiegel gesehen habe, habe ich mir gedacht: Werde ich überhaupt jemals wieder normal aussehen?

Man fängt dann nicht an zu beten: „Lieber Gott, gib, dass ich wieder gesund werde." Man lernt zu sagen, auch wenn es wehtut: „Dein Wille geschehe …" Auf einmal werden Jesu Ölbergstunden zur eigenen Realität. Niemand kann das Kreuz je verstehen. Ich kann das Kreuz nur akzeptieren und anbeten, nie aber verstehen. Es gibt auch keine überzeugende, allgemein gültige Erklärung für Leid und Schmerz. Da hört alle Philosophie auf. Das hat Blaise Pascal ganz tief empfunden: „Gott Abrahams, Gott Isaaks, Gott Jakobs – nicht der Philosophen und Gelehrten!" Diese Worte hatte der französische Mathematiker und Philosoph auf einem schmalen Pergamentstreifen immer wieder neu in das Futter seines Rockes eingenäht. Nach seinem Tod hat ein Diener zufällig diesen Pergamentstreifen gefunden. An schmerzlichen und leidvollen Tagen hat der Gott der Theodizee mit allen seinen Attributen ausgedient. Nur der Glaube an den Gott der Bibel, an den Gott Abrahams, Isaaks und Jakobs, an den persönlichen Gott, schenkt Kraft, Mut und Hoffnung. Ich glaube an den „Gott mit uns" der Bibel – vom Buch Genesis angefangen bis zur Apokalypse.

2014 ist das Thema der Versammlung des Volkes Gottes am Xingu der „Einsatz für Gerechtigkeit und Leben". Leben ist dabei im umfassenden Sinne gemeint als Überleben der Menschen und der Mitwelt. Das wird konkret auf einzelne Themen angewendet, es werden neue Lieder und Texte vorbereitet. Zum Beispiel, was heißt Gerechtigkeit in einer Stadt wie Altamira, wo jemand einen anderen umbringen kann und am nächsten Tag freigeht. Das ist für die Menschen eine erschreckende Erfahrung, weil man Angst hat, wenn ein offensichtlicher, bekannter Mörder auf freiem Fuß ist.

Es gibt keinen Menschen, der nicht durch die dunkle Nacht durchgeht. Wenn man vor der Bahre einer Mitschwester steht, die erschossen worden ist, wenn man sieht, wie miserabel Menschen be-

Bei einer Demonstration an der Transamazônica wird Bischof Kräutler
am 1. Juni 1983 von Polizeieinheiten verprügelt und festgenommen.

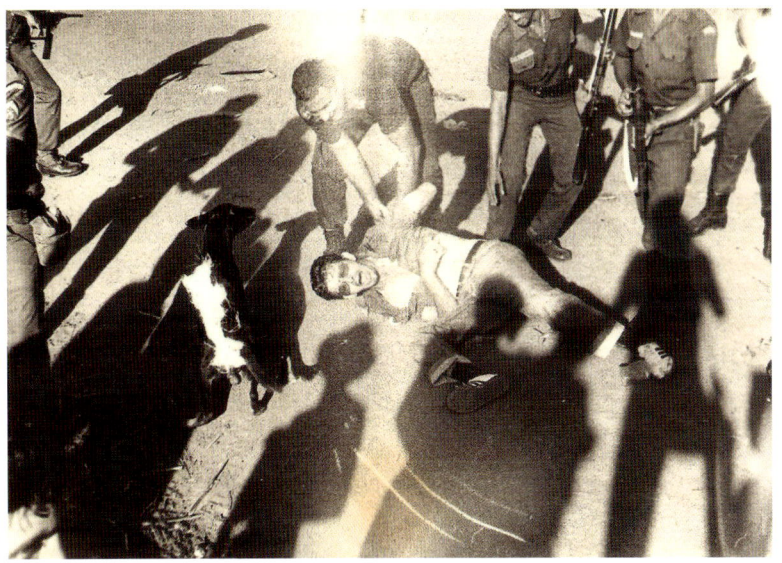

Am 16. Oktober 1987 wird Bischof Kräutler bei einem Autounfall schwer verletzt. Im Bild das zerstörte Unfallauto, der Beifahrer starb.

Bischof Kräutler an der Transzamazônica, wo sich der inszenierte Unfall ereignet hatte.

Ein großes und Dutzende kleine Kreuze erinnern bis heute an den Unfall.
Die kleinen wurden von unbekannten Tätern im Februar 2014 ausgerissen.

2005 wurde Schwester Dorothy Mae Stang kaltblütig erschossen. Ihrem Wunsch gemäß wurde sie unter einem Baum im Regenwald begraben.

Die ermordete Ordensfrau auf dem Altarbild der Kirche in Anapu.
Ihr Todestag wird jedes Jahr mit einem Gedenkgottesdienst begangen.

Protestmärsche mit den Indios gegen den Staudamm Belo Monte in Altamira, durch den 40.000 Menschen ihr Zuhause verlieren.

Der Staudamm Belo Monte wird gebaut. Das Kraftwerk zerstört die große Schleife des Xingu in Altamira und raubt den Fischern ihre Lebensgrundlage.

Von ihren Holz- und Ziegelhäusern werden die Menschen in diese engen Fertigbetonhäuser weit außerhalb der Stadt gezwängt.

Intervention bei Präsident Lula für Amazonien und gegen den Staudamm Belo Monte am 19. März 2009

Seit 2006 ist Bischof Kräutler rund um die Uhr unter Polizeischutz.

handelt werden, oder dass ein Familienvater, den ich gekannt habe, erschossen wird. In solchen Augenblicken drängt sich die Warum-Frage auf, selbstverständlich. Das sind Momente, wo man nichts mehr sagen kann, da ist nur noch Schweigen angebracht. Trotzdem waren diese Erfahrungen für mich kein Anlass für ein Hadern mit Gott.

Ich bin in meinem Innersten manchmal erzittert, wenn ich daran gedacht habe, was alles passiert ist und wie viel schlimmer das hätte ausgehen können. Aber ich habe ein großes Vertrauen ins Leben. Die Gewalt, der ich ausgesetzt war und bin, hat mich nicht so belastet, dass ich Angst vor einer Depression gehabt hätte. Diese Angst, depressiv zu werden, habe ich nur einmal gehabt, und zwar als ich unter Polizeischutz gestellt wurde und sie mir gesagt haben, dass ich allein nicht mehr aus dem Haus darf, dass ich nirgendwo hingehen darf, ohne dass zwei Polizisten dabei sind. Da habe ich mich sehr besorgt gefragt: Stehe ich das durch? Da ist mir diese Frage wirklich gekommen. Ich habe in dieser Zeit auch Alpträume gehabt. Aber das ist Gott sei Dank vorbei.

Körperlich habe ich von dem Übergriff der Polizei und vom Unfall keine Nachwirkungen mehr. Insgesamt fühle ich mich gesundheitlich sehr wohl, ich schlafe gut. Meine Mutter hat immer von der „vollkommenen Nacht" gesprochen, die der Mensch brauche, um sich zu regenerieren. Diese ist mir – Gott sei Dank – geschenkt.

6. Die anhaltende Vernichtung des Regenwalds

Die Transamazônica und das Agrobusiness

Am 21. Dezember 1965 war ich, mit der Weihnachtspredigt im Gepäck, erstmals in einer DC-3 von Belém nach Altamira geflogen. Ich war überwältigt, als ich beinahe zwei Stunden lang ein Stück Amazonien aus der Vogelperspektive sah. Dunkles, sattes Grün wechselte ab mit mattgrüner, graugrüner, dann wieder mit einer klaren hellgrünen Färbung der Blätter. Diese mannigfachen Grünschattierungen, die unterschiedlichen Farbtöne machten die einmalige Schönheit, den verlockenden Reiz des Urwaldes aus. Damals habe ich tatsächlich noch Amazonien erlebt. Das heißt, es hat noch den tropischen Regenwald gegeben.

Heute, fünf Jahrzehnte danach, hat sich das Bild dramatisch gewandelt. Riesige Weideflächen in langweilig gleichem Grün verdrängen die vielfältig grünen Bäume, Sträucher und Pflanzen. Brandrodung hat weithin den Wald zerstört. In der Nähe von Altamira gibt es keinen Urwald mehr. Wir haben noch eine ganz kleine Oase bei unserem Bildungshaus, um zu zeigen, was der Urwald gewesen ist.

Der erste massive Eingriff war die Transamazônica. Diese Straße geht vom Nordosten Brasiliens quer durch Amazonien und hätte bis nach Peru führen sollen, 8000 Kilometer bis zum Pazifik. Gebaut wurden 4222 Kilometer. Zum größten Teil ist es heute noch eine naturbelassene Straße. Erst mit dem Staudamm Belo Monte wurde begonnen, die Transamazônica zu asphaltieren. Alle fünf Kilometer gibt es Nebenstraßen nach Norden und nach Süden, 100 Kilometer und weiter. An diesen Straßen wurde ab 1972 alles gerodet. Am Oberlauf des Xingu liegt die Gemeinde São Félix do Xingu, die habe ich mit weniger als 1000 Einwohnern kennengelernt.

Heute leben dort 200.000 Menschen. Die Gemeinde umfasst ein großes Gebiet und ist in drei Kommunen unterteilt.

Wenn man sich die PT anschaut, die Partei der Arbeiter, dann waren diese Leute ursprünglich ganz auf unserer Seite. Aber sobald sie in die Regierung gekommen sind, sind sie total umgekippt. Heute ist der Rat der Bischofskonferenz für die indigenen Völker (CIMI) die einzige Opposition, die Amazonien verteidigt, mit Ausnahme einiger NGOs und einiger innerbrasilianischer Organisationen, die die Regierungsprogramme hinterfragen. Aber der CIMI ist finanziell völlig vom Ausland abhängig, von internationalen Hilfswerken in verschiedenen europäischen Ländern.

Den indigenen Völkern, die vor der Eroberung durch die Portugiesen mindestens fünf Millionen Menschen gezählt hatten, wird der Boden unter den Füßen weggezogen. Auf einen Indio kommt ein Hektar Land. Ein Stück Vieh auf den abgeholzten Weideflächen hat drei bis fünf Hektar zur Verfügung. Ein Drittel der 210 indigenen Völker in Brasilien ist auf 200 Angehörige geschrumpft. Im Gebiet der Prälatur Xingu sind es die Kayapó, Arara, Assurini, Araweté, Curuaia, Juruna, Parakanã, Kararaô, Menkranotire, Xikrim und Xipaia.

Die Konflikte entstehen immer aufgrund der illegalen Aneignung des Regenwaldes durch Leute, die sich selbst zu Eigentümern und Besitzern ernennen, sogar dort, wo die Regierung schon Familien angesiedelt hat auf der Grundlage des Plans zur nachhaltigen Entwicklung. Diese Familien bestellen da und dort ein Reisfeld, aber der Wald bleibt bestehen. Die Großgrundbesitzer jedoch, die es auf das Land abgesehen haben, respektieren überhaupt nichts. Sie brennen den Wald kilometerweise ab, sei es für Weideflächen, für Soja, für Zuckerrohr zur Erzeugung von Agrosprit oder für andere Plantagen. Es ist ungeheuerlich, wie viel Fläche zugrunde geht, auf der die Familien Reis, Bohnen, Mais und Maniok hätten anpflanzen können.

Eine Wiederaufforstung, oder dass man dieses Gebiet wieder fruchtbar macht, wird ein riesiger Aufwand sein. Ob es überhaupt möglich ist, weiß ich nicht. Da muss man die Experten fragen. So wie es jetzt aussieht, bin ich sehr, sehr skeptisch. Und wenn das Zuckerrohr kommt, wird man sagen: Hier steht ohnehin kein Wald mehr, das nutzen wir, solange der Boden noch halbwegs fruchtbar ist. Zuckerrohr ist eine Monokultur, und jede Monokultur bringt eine Art von Sklaverei mit sich. Da gibt es nur eine Erntezeit, und dazu werden nur Saisonarbeiter angeheuert. Die werden schlecht bezahlt, und da gehen die alten Geschichten von vorne los.

Monokulturen für Biodiesel – noch ein Dolchstoß

Satellitenbilder trügen nicht! Davon wurde der damalige Verteidigungsminister Nelson Jobim überzeugt, als er im Oktober 2007 Amazonien überflog. „Ich dachte, die Medien übertreiben, aber was ich hier sah, ist unvorstellbar. In anderen Landesteilen ist völlig unbekannt, was hier in Rondônia geschieht", sagte der Minister – wiewohl sich die Medienberichte, denen Jobim nicht vertraute, auf satellitengestützte Erhebungen staatlicher Einrichtungen berufen hatten. Laut diesen Daten wurden allein in dem betreffenden Jahr 11.200 Quadratkilometer Regenwald zerstört. Unrühmlich war die Steigerung der Abholzung durch Brandrodung und Schlägerung in Pará um 59 Prozent, in Mato Grosso um 84 Prozent und in Rondônia um skandalöse 602 Prozent. Dafür verantwortlich war die unheilvolle Triade Holzhandel – Viehzucht – Sojaanbau, die durch die Zuckerrohrplantagen eine Tetrade wurde.

Vom ursprünglichen Tropenwald ist rund ein Fünftel bereits unwiederbringlich verloren. Auf der Grundlage des bisherigen Verlaufs der Abholzungen und Brandrodungen berechneten Wissenschaftler die Fortschreibung der Entwicklung. Demnach werde sich im Jahr

2030 dieses Bild bieten: Mehr als die Hälfte des Regenwaldes ist vernichtet, gleichermaßen ist die Biodiversität geschwunden. Die CO_2-Emission hat sich verdoppelt, auf knapp eine Milliarde Tonnen. Die Regenfälle gehen in Brasilien um ein Zehntel zurück und werden auch in Zentralamerika spürbar weniger.

Dieses apokalyptische Szenario gewährt keine Gnadenfrist. Die brasilianische Regierung muss die Zeichen der Zeit erkennen und ihre Entwicklungsstrategie einer kritischen Überprüfung unterziehen. Das unerbittliche Streben nach Rekordernten, Exportsteigerungen, Wirtschaftswachstum, Handelsbilanzüberschüssen und transnationalen Investitionen wird sich als historischer Irrtum erweisen. Der Staat wird nicht nur den Einsatz, sondern auch die Gewinne verlieren. Brasilien ist dabei, mit Amazonien seinen letzten Trumpf auszuspielen.

Aber die Einsicht ist nicht weit gediehen. Mit dem Programm für Biodiesel erlitt Amazonien in den vergangenen zehn Jahren den nächsten Dolchstoß, obwohl die Böden für den Anbau von Zuckerrohr ungeeignet sind. Kurzerhand wurde der Regenwald zum Flammenmeer, um neue Weiden und neues Ackerland zu schaffen für die Rinder und die Sojaplantagen, die in anderen Bundesstaaten dem Zuckerrohr weichen mussten. Die ausgedehnten Pflanzungen erforderten einen höheren Einsatz von Pestiziden und Dünger. Vor der Verarbeitung wurden pro Tonne Zuckerrohr knapp 4000 Liter Wasser zur Säuberung verschwendet. Nach der Destillation bleiben je Liter Ethanol 12 Liter Schlempe zurück, die ungefiltert in die naheliegenden Flüsse geleitet oder verdünnt auf die Felder ausgebracht wird. Die langfristigen Auswirkungen auf Grundwasser und Ackerland sind noch unerforscht. Die Flüsse wurden ungeeignet zum Baden und der Fischbestand, ein Hauptbestandteil der Nahrung der dort lebenden Siedler, schwand.

Monokulturen benötigen auf 100 Hektar Land eine einzige Arbeitskraft. Ein landwirtschaftlicher Familienbetrieb in dieser

Größenordnung ist da wesentlich arbeitsintensiver. Er schafft Arbeitsplätze für 35 Menschen. Rund 80 Prozent der Zuckerrohrernte werden händisch eingebracht. Die Ausbeutung der Arbeiter ist kaum zu ermessen. Mindestens zehn Tonnen muss ein Arbeiter täglich schneiden, mit etwa 30 Sichelhieben pro Minute. Dafür gibt es am Monatsende umgerechnet zwischen 120 und 150 Euro. Laut Arbeitsministerium starben allein zwischen 2002 und 2006 im Bundesstaat São Paulo, dem größten Produzenten mit etwa 400.000 Beschäftigten in diesem Sektor, 1383 Zuckerrohrschneider an Erschöpfung und anderen arbeitsbedingten Erkrankungen.

Tausende Arbeitsplätze und bessere Löhne für die sozial Benachteiligten waren die hinkende Rechtfertigung für den Ethanolboom. Auch die Bescheinigung „sauberer" Treibstoff ist in Zweifel zu ziehen, wenn die CO_2-Emissionen des gesamten Produktionskreislaufs, von der Aussaat bis zur Tankstelle, erfasst werden. Und noch ein Argument, um die Euphorie zu zügeln: der internationale Ausverkauf des Landes, unter anderem durch kalifornische Pensionsfonds. Jahrelang hatte in den Köpfen der Politiker das Gespenst der sogenannten Internationalisierung herumgespukt. Die Regierenden waren stets auf den Erhalt der brasilianischen Souveränität bedacht gewesen. Doch plötzlich – im Ethanolrausch – war diese Angst verschwunden.

Weder Amazonien, Brasilien noch die Welt kann sich eine Atempause gönnen, wollen wir künftigen Generationen mehr als nur Kahlschlag, Wüste und Chaos hinterlassen. Ein Richtungswechsel im Denken und Handeln ist unaufschiebbar. Gefordert ist eine Entwicklung, die auf die Bewahrung und Förderung des Lebens, der menschlichen Fähigkeiten, auf Bildung, auf nachhaltige Bewirtschaftung der Böden, auf verantwortungsvolle Nutzung der Wasservorkommen, auf behutsamen Umgang mit der Biodiversität abzielt.

Das Kraftwerk Belo Monte – Betonmonster im Xingu

Zu den Rodungen ist als weiterer Einschnitt in den Urwald das Programm für den Bau von Wasserkraftwerken dazugekommen. Es geht insgesamt um mindestens 60 Kraftwerke. Dadurch geht ein weiterer Teil von Amazonien unwiederbringlich zugrunde.

Das größte Vorhaben in diesem Bereich ist das Kraftwerk Belo Monte, ein Zehn-Milliarden-Euro-Projekt direkt bei der Stadt Altamira am Xingu. Über drei Talsperren soll der Fluss zu zwei Stauseen mit einer Fläche von zusammen etwa 500 Quadratkilometer aufgestaut werden – das entspricht in etwa der Größe des Bodensees. Bis zu 40.000 Menschen müssen umgesiedelt werden. 130 Millionen Kubikmeter Erdreich werden bewegt, um den Kanal zu graben, der die Volta Grande-Schleife des Xingu-Flusses abkürzen wird. Weitere Flusssperren sollen folgen, weil das Kraftwerk ohne diese zusätzlichen Staustufen in der Trockenzeit nur etwa ein Drittel der geplanten Leistung erreichen würde.

Die Turbinen und Generatoren werden von der steirischen Firma Andritz gebaut und geliefert. Der Wert der Aufträge beträgt rund 330 Millionen Euro. Nach seiner Fertigstellung soll das Wasserkraftwerk elf Gigawatt Elektrizität liefern und wäre damit leistungsmäßig das drittgrößte Kraftwerk der Welt – nach dem Drei-Schluchten-Damm in der chinesischen Provinz Sichuan und dem Wasserkraftwerk Itaipu an der Grenze von Brasilien und Paraguay.

Ein Wissenschafter hat uns bei einer Versammlung die Konsequenzen aufgezeigt. Da läuft es einem kalt über den Rücken, wenn man sieht, was das für Amazonien heißt, welche riesigen Projekte das sind, die Amazonien de facto auslöschen. Die Regierung argumentiert, das Flusskraftwerk Belo Monte sei notwendig, damit Brasilien sich Atomkraftwerke ersparen könne. Aber wir wissen, dass das nicht wahr ist. Denn gleichzeitig mit dem Bau von Belo Monte wird deutsches Know-how für AKWs in Brasilien angewendet, zum Beispiel in der Nähe von Rio de Janeiro. Dort werden weitere Atommeiler kommen. Neben Angra 1 und Angra 2 wurde der Bau von Angra 3 wieder aufgenommen. Belo Monte ist also kein Ersatz für die Atomkraft. Beides geht Hand in Hand.

Es gibt viele Organisationen in Brasilien, die für die Energiegewinnung ganz andere, umweltschonende Projekte vorgelegt und errechnet haben, auf der Basis von Sonnenenergie, Windenergie und Biomasse. Das vierte wäre, dass die bereits bestehenden Wasserkraftwerke erneuert werden, um ihre Auslastung und ihre Effizienz zu steigern. Man hat sogar errechnet, dass allein die Sanierung der innerbrasilianischen Hochspannungsleitungen so viel Strom einsparen könnte, wie Belo Monte erzeugen soll. Also allein mit der Erneuerung dieser Leitungen könnte man sich Belo Monte ersparen, so groß sind die Verluste. Aber von solchen Alternativen will die Wirtschaft nichts wissen. Für sie ist eine Großbaustelle wie Belo Monte viel lukrativer.

Wir haben in Brasilien für die Energiegewinnung Top-Wissenschafter, die sich sehen lassen können. Wir müssen da unser Licht nicht unter den Scheffel stellen. Die sagen uns, es gibt die Möglichkeit, mit alternativer Energie ebenso viel Strom zu erzeugen wie mit Wasser- und Atomkraft. Aber die Regierung will absolut nicht in die Solarenergie einsteigen. An den entscheidenden politischen Schaltstellen gibt es dafür keine ausreichenden Kräfte. Ich kenne ein paar gute Abgeordnete, die sich sehr für Amazonien einsetzen. Die treten hin und wieder im Kongress auf und kritisieren die Regierung, aber sie sind eine verschwindende Minderheit.

Unsere Kirche im Norden von Brasilien hat Pionierarbeit für die Bewahrung der Schöpfung geleistet. Wir haben frühzeitig gesehen, dass der tropische Regenwald der Habgier von Großgrundbesitzern zum Opfer fällt und die Flüsse verseucht werden. Schon 1990 hat die Bischofskonferenz erklärt, wir tragen als Kirche Verantwortung für die Schöpfung. Seither haben wir auf die staatlichen Behörden starken Einfluss ausgeübt, damit der skrupellosen Ausbeutung des Landes ein Riegel vorgeschoben werde. Wir sind heute als Kirche die Nummer eins unter den Institutionen, die mahnen: So geht es nicht weiter!

Entscheidend ist für uns, dass wir nichts über die Köpfe der Betroffenen hinweg machen, sondern gemeinsam vorgehen. Ein Beispiel: Als der oberste Energiebeirat der brasilianischen Bundesregierung wegen des Staudamms Belo Monte mit mir reden wollte, bin ich nicht allein hingegangen. Ich habe mehrere Organisationen zu der Sitzung eingeladen. Der Saal war voll. Ich mache das immer so, dass ich nicht im Namen des Volks rede, sondern die Betroffenen selbst sprechen lasse. Die Herren aus Brasilia waren überrascht, wie gut wir informiert sind und wie wir für die Mitwelt auftreten.

Der Bau des Kraftwerkes Belo Monte wird auf Biegen und Brechen durchgezogen, mit einer Strategie der vollendeten Tatsachen. Dass unser Einsatz ein Misserfolg sei, möchte ich trotzdem nicht sagen. Es war schon ein Erfolg, dass wir unseren Widerstand jahrzehntelang aufrechterhalten konnten. Wenn es uns auch nicht gelungen ist, den Staudamm zu verhindern, verteidigen wir doch die Rechte der indigenen Völker, der Flussbewohner und der Menschen in der Stadt Altamira, die davon betroffen sind. Da meine ich doch, dass die Regierung nicht über uns hinweggehen kann. Es geht um 40.000 Menschen, die von Grund und Boden vertrieben werden. Da hat die Regierung doch Angst, dass es einen Aufstand geben könnte, der wiederum weltweit Aufsehen erregt und am Image Brasiliens kratzt. Denn die Regierung hat versprochen, bei Belo Monte die Fehler nicht zu wiederholen, die bei anderen Großkraftwerken passiert sind.

Ein Erfolg unserer Bemühungen ist, dass die Staatsanwaltschaft auf unserer Seite ist. Die Staatsanwälte verteidigen unsere Angelegenheit. Es ist eine ganze Reihe von Prozessen im Gange, welche die Staatsanwaltschaft auf Grundlage unserer Eingaben angestrengt hat. Ein Teilerfolg ist auch, dass wir vor Ort sind und die Kraft-werksbetreiber die Leute nicht einfach vertreiben können, wie sie sich das vorstellen. Sie können nicht sagen: Weg mit euch! Ein Teil-erfolg auch, dass wir in unserem Engagement mit vielen nicht-kirch-lichen Organisationen verbunden sind, mit NGOs wie Greenpeace, die weltweit bekannt sind. Wir gehen miteinander dieses Stück des Weges, und zwar ganz bewusst.

Ich habe heute einen Zugang zu Menschen, den ich früher nie hatte. Was hatte Greenpeace mit der katholischen Kirche zu tun? Oder der World Wide Fund (WFF) oder die International Rivers. Die kommen und schauen sich die Situation an. Sie kommen auch zu uns, sie reden mit mir, sie möchten sich beraten lassen. Dadurch haben wir von kirchlicher Seite einen Einfluss, wir können Strategi-en hinterfragen und in richtige Bahnen leiten. Es ist nicht mehr so, dass jemand sagen würde: Mein Gott, da ist in Altamira ein katho-lischer Bischof: Was hat der uns schon zu sagen!? Heute reden wir miteinander. Da hat selbstverständlich auch der Alternative Nobel-preis einen großen Beitrag dazu geleistet. Dadurch bin ich als Bi-schof zu einem Gesprächspartner dieser Organisationen geworden. Solange mir Gott die Gesundheit gibt, werde ich gegen Gewalt und Menschenrechtsverletzungen ankämpfen. Das weiß jede und jeder in Brasilien.

7. Der lange Weg der Indios in die Verfassung

Schutzgebiete sind der einzige Schutz: die Kayapó

Meine Diözese erstreckt sich vom Bundesstaat Amapá im Norden bis in den Bundesstaat Mato Grosso im Süden. Im südlichen Teil der Diözese ist der gesamte Regenwald schon niedergebrannt. Es gibt eine Gemeinde, wo nur noch zehn Prozent der ursprünglichen Vegetation übrig geblieben sind. In anderen Gemeinden steht noch mehr, weil es dort indigene Gebiete gibt, die abgegrenzt sind. Aber was nicht zu diesen Schutzzonen gehört, wird vernichtet. Ich habe das nicht in der Zeitung gelesen, sondern ich war dort. Ich war stundenlang mit dem Jeep unterwegs, und weit und breit war kein Baum zu sehen! Das ist alles nur noch Weidefläche. Die Erosion hat das ihre dazu beigetragen. Es gibt bereits kahl geschlagene, aufgegebene Gebiete, die versteppt sind. Die natürliche Vegetation ist praktisch verschwunden, außer in den Schutzgebieten.

Tatsächlich sind die abgegrenzten Gebiete der indigenen Völker die einzige Möglichkeit, einen Teil von Amazonien zu retten. Wenn man über eine solche Gemeinde fliegt, sieht man ganz genau, wo gerodet wurde und wo die indigenen Gebiete sind. Die Hügel sind alle abgeholzt, sie sind kahl. Die Holzfäller sind, sobald es die Straßen gegeben hat, in diese Gebiete eingedrungen und haben die wertvollen Edelhölzer gestohlen. Auf den abgebrannten und abgeholzten Flächen haben sich die Besitzer der großen Viehherden ausgebreitet, mit tausenden Rindern.

In all den Jahrzehnten seit der Eröffnung der Transamazônica habe ich erlebt, dass ein Teil dieses Urwaldes nach dem anderen skrupellos vernichtet wurde. Nicht nur entlang der Straße, sondern auch am Oberlauf des Xingu. Der Fluss leidet zusätzlich durch die Abwässer und das ganze Gift, das von den Fazendas und vom Bergbau in die Wasserläufe fließt. Die indigenen Völker sind darüber besonders erbost, weil sie sagen, ihr Fluss, dieses große Mysterium ihres Wassers, werde systematisch kaputtgemacht.

Die indigenen Völker sind die größten Verteidiger des Urwaldes. Sie wissen genau, dass die Rodungen, die Kraftwerke und der Bergbau an ihren Lebensnerv gehen. Der größte Stamm in Gebiet der Prälatur am Xingu sind die Kayapó. Wie sie und ähnliche Stämme in Amazonien leben, ist auf der Website der „Selbstbesteuerungsgruppe Bischof Kräutler" (www.bischof-kraeutler.at) eingehend und mit schönen Bildern dargestellt.

Die meisten ihrer Dörfer liegen zerstreut entlang des Xingu, genauer gesagt, entlang der Oberläufe einiger seiner Zuflüsse. Das Territorium der Kayapó erstreckt sich über eine Fläche von der Größe Portugals. Die genaue Zahl der Menschen, die in diesem Gebiet leben, ist schwierig zu bestimmen. Viele Dörfer sind für die Verhältnisse in Amazonien relativ groß und erreichen bis zu 700 Menschen, aber es gibt auch Siedlungen mit weniger als 100 Bewohnern.

Ein Kayapó-Dorf besteht traditionsgemäß aus Hütten, die in regelmäßigen Abständen in einem Kreis um einen großen freien Platz angeordnet sind. Das Dorfzentrum ist das Männerhaus, wo sich die politischen Gruppen täglich versammeln. Jede Männergruppe hat einen oder zwei Häuptlinge, die verschiedene rituelle und politisch-rechtliche Funktionen innehaben. Diese sollen die männlichen Tugenden der Kayapó verkörpern: Weisheit, Redekunst, Kriegsführung, Solidarität und Großzügigkeit.

Der Dorfrand besteht aus den kreisförmig angeordneten Unterkünften der Familien. Im Gegensatz zum Zentrum spielt sich hier das häusliche und familiäre Leben ab. Die Frauen entfernen sich hin und wieder vom Dorf, um auf den Feldern zu arbeiten, Früchte zu sammeln oder um zu baden. Die meiste Zeit verbringen sie aber damit, Baumwolle zu spinnen, sich um die Kinder zu kümmern, die Mahlzeiten zuzubereiten oder sich einfach mit der Familie zu unterhalten. Der Kreis der Wohnhäuser wird als jener Bereich angesehen, in dem sich die Angelegenheiten der Frauen abspielen.

Dieser Randbereich des Dorfes ist gesellschaftlich weniger bedeutsam als das Männerhaus und der Dorfplatz, wo die öffentlichen Aktivitäten stattfinden. Das Dorfzentrum ist verbunden mit den männlichen Aktivitäten wie Versammlungen, Reden, Zeremonien und öffentliche Riten. Ansonsten spielen sich die Tätigkeiten der Männer außerhalb des Wohnbereiches ab: Jagd, Wanderungen, Fischfang und Handwerk. Den Rest der Zeit verbringen sie mit stundenlangem Plaudern in ihrem Männerhaus.

Die Kayapó praktizieren zahlreiche Riten von unterschiedlicher Dauer und Wichtigkeit. Die drei Hauptkategorien ihrer Zeremonien sind die Riten der persönlichen Namensgebung, die Riten, die den Ackerbau, die Jagd und den Fischfang begleiten, sowie punktuelle Riten wie etwa zu einer Sonnenfinsternis. Die dritte Kategorie sind die Riten des Übergangs von einer Altersgruppe in eine andere, die jedoch nicht von Gesängen und Tänzen begleitet werden.

Diese Hauptzeremonien werden allgemein „me rer mex" („die Leute, die ihre Schönheit anbieten") genannt. Dieser Begriff bezieht sich nicht nur auf den feinen Schmuck der Teilnehmer, sondern auch auf die soziale Ordnung. Die Zeremonien der Kayapó sind zu verstehen als ein gemeinsamer religiöser und sozialer Akt.

Endlich aus der Vormundschaft entlassen

Bis 1988 hatte die brasilianische Verfassung vorgesehen, dass die indigenen Völker „harmonisch in die nationale Gesellschaft eingegliedert werden". Dabei wird für diese Völker der Ausdruck „Urwaldbewohner" verwendet. Man hat die Menschen praktisch mit den Tieren im Urwald – die sind auch Urwaldbewohner – gleichgesetzt.

Man hat ihnen das Recht auf die brasilianische Staatsbürgerschaft abgesprochen. Sie wurden den Kleinkindern und den beeinträchtigten Menschen gleichgesetzt. Der Staat übernehme für sie daher die Vormundschaft.

Das war uns immer ein Dorn im Aug. Denn wie kann eine Regierung von Brasilianern, die im Grunde alle von auswärts gekommen sind, von Europa, von Afrika, diejenigen Völker, die schon immer dagewesen sind, so an den Rand stellen. Sie wurden in der Verfassung unter dem Artikel „Einbürgerung und Ausländer" angeführt. Tatsächlich sind die indigenen Völker aber die Ureinwohner Brasiliens. Sie sind zum großen Teil sehr intelligente Menschen, und genau denen hat man das Recht abgesprochen, brasilianische Staatsbürger zu sein.

1987/88 gab es eine Verfassungsgebende Versammlung, bei der man im Vorfeld mitreden konnte. Das haben wird sehr genützt. Ich war damals in meiner zweiten Amtsperiode als Vorsitzender des Rates der Brasilianischen Bischofskonferenz für die indigenen Völker. Wir haben eine Petition für die volle Anerkennung der Staatsbürgerrechte der indigenen Völker eingebracht und dann vor Ort massives Lobbying gemacht. Wir sind zu allen Abgeordneten und Senatoren in Brasilia hingegangen. Ich wurde eingeladen, im Kongress zu sprechen.

Wir haben uns 1987 dafür eingesetzt, dass die Rechte der Indios in die brasilianische Verfassung kommen. Die Gegner haben mit Hilfe einer großen Tageszeitung eine Verleumdungskampagne gegen den Rat der Bischofskonferenz für die indigenen Völker (CIMI) und mich persönlich geführt. Aber wir haben das hinbekommen. Das war eines der größten Erfolgserlebnisse. Von Tur zu Tur sind wir bei den Abgeordneten gerannt, die Bischofskonferenz stand dahinter. Und wir haben heute die Artikel 231 und 232 der brasilianischen Verfassung für die Rechte der indigenen Völker.

Die Indios sind heute Vollbürger. Sie haben ein Recht auf ihre Sprache, ihre kulturellen Ausdrucksformen und ihr Land. Wir forderten, dass die Gebiete der Indios abgegrenzt und deklariert werden.

Wir haben erreicht, bis hin zum Obersten Gerichtshof, dass Groß-grundbesitzer diese Gebiete verlassen mussten. Das ist mir eine tiefe Genugtuung, dass wir als katholische Kirche in Brasilien sagen kön-nen, wir haben uns für die Indios eingesetzt.

Manches kommt mir im Nachhinein geradezu mysteriös vor, viel-leicht auch wie eine Fügung. Es gab einen Senator aus dem Staate Pará, Jarbas Passarinho, eine der wichtigsten Figuren der Militärregie-rung. Aber er hatte mich persönlich ins Herz geschlossen. Ich konn-te ihn durch unsere Rechtsanwälte überzeugen, dass er sich für die Rechte der indigenen Völker einsetzen muss. Das ist gelungen.

Der Hintergrund war die persönliche Situation des Senators. Sei-ne Frau Dona Ruth war gestorben. Der Bürgermeister von Altamira kam zu mir und hat mich gebeten, dass ich beim Abendgottesdienst der verstorbenen Frau gedenken möge. Ich habe gesagt, das mache ich gern. Wie durch einen Zufall war das Evangelium des Tages „Lasst die Kinder zu mir kommen". Tatsächlich hatte sich die Frau sehr für Waisenkinder oder Straßenkinder eingesetzt, sie hatte Kindergärten gefördert. Ich habe dazu dann im Gottesdienst einige Worte gesagt: Wir beten heute für Dona Ruth, die sich so vorbildlich für die Kinder eingesetzt hat, wie es heute im Evangelium steht.

Am nächsten Tag bin ich über Belém nach Brasilia geflogen zu einer Versammlung des Indigenen Rates. Als ich in Belém den An-schlussflug nach Brasilia nahm und ich ins Flugzeug einstieg, saß in der dritten Reihe der Senator. Ich hatte keinen besonderen Draht zu ihm, weil er ja von den Militärs gekommen ist. Ich wollte daher auch nicht auf Tuchfühlung gehen, sondern diese Distanz respektieren. Ich habe mich im Flugzeug ganz nach hinten gesetzt und mein Brevier gebetet. Da ging es mir plötzlich durch den Kopf: Dieser Mann hat seine Frau verloren, und du gehst nicht einmal hin, um ihm dein Bei-leid auszudrücken. Es gab mir einen Riss. Ob er nun von den Militärs kommt oder nicht, das ist doch jetzt kein Thema. Er hat die Frau ver-loren, die er sehr geliebt hat.

Ich ging also nach vorn und sprach ihn an: „Herr Senator!" Er öffnete seinen Sicherheitsgurt, stand auf und umarmte mich. Er begann zu weinen und sagte: „Dom Erwin, ich bin Ihnen von Herzen dankbar für das, was Sie vorgestern Abend über meine Frau gesagt haben. Sie können sich nicht vorstellen, was dieser Verlust für mich bedeutet. Wir haben uns sehr geliebt, das einzige Mal, dass sie mich betrübt hat, ist jetzt, da sie gestorben ist." Ich habe ihm noch gesagt, ich werde weiter an seine Frau denken. Dann ging ich wieder zurück auf meinen Platz. Ich war erleichtert, weil ich getan hatte, was ich hatte tun müssen.

In Brasilia haben mich dann zwei Rechtsanwälte des Indigenen Rates empfangen. Bei der Fahrt im Auto haben sie mich gefragt, ob ich den Senator Passarinho kennen würde. – „Ja, klar kenne ich ihn, wir sind von Belém in demselben Flugzeug hierher geflogen. Er hat seine Frau verloren!" „Könntest du mit ihm reden?" Ich gab zurück: „Der Mann ist persönlich sehr getroffen, wie soll ich ihn in dieser Situation mit unseren Anliegen belästigen?" Aber sie haben gemeint, es ginge um Leben und Tod: „Passarinho ist der einzige Abgeordnete, der die anderen überzeugen kann. Gerade deshalb, weil er von rechts, von den Militärs kommt, könnte er die auf der rechten Seite gewinnen. Wenn wir Passarinho überzeugen, dann haben wir die Anerkennung der Rechte der indigenen Völker in der Verfassung geschafft. Dann geht das durch." Ich erwiderte: „Wann soll ich das tun, ich habe nicht einmal eine Telefonnummer von ihm." „Die haben wir."

Vom Büro des Indigenen Rates aus habe ich dann angerufen: „Senator, hier ist Dom Erwin." Er hat sofort freundlich gegrüßt: „Schön, dass wir uns getroffen haben und dass wir gut in Brasilia angekommen sind." Ich fuhr fort: „Ich hätte ein ganz großes Anliegen, es geht um die indigenen Völker, dürfte ich mit Ihnen sprechen?" – „Ja, selbstverständlich, wann möchten Sie?" – „Wann immer es möglich ist, bin ich da." – „Ich bin in meinem Büro, wollen Sie herkommen?" – „Ja, klar, darf ich Rechtsanwälte mitnehmen?" – „Natürlich, das entscheiden Sie."

Wir sind also hingefahren. Ich habe mich innerlich vorbereitet. Ich habe schließlich gesagt: „Herr Senator, die Details überlasse ich den Rechtsanwälten. Ich möchte nur kurz etwas Persönliches sagen: Sie sind in Acre geboren, Sie waren Staatsgouverneur von Pará, Sie sind heute Senator für Pará. Acre liegt an der Grenze zu Peru, im extremen Westen von Amazonien, Pará liegt im Osten. Das sind die zwei Säulen, auf denen ganz Amazonien ruht. Die indigenen Völker, die dort leben, wurden immer benachteiligt. Wenn Sie nicht für diese Völker eintreten, dann haben wir eine neue brasilianische Verfassung, die die indigenen Völker wieder als Außenseiter, als Nicht-Staatsbürger behandelt. Ich bitte Sie in Ihrem Gewissen als Senator für Pará, Ihr Wort für diese Völker einzulegen." Und er sagte darauf: „Sie können mit mir rechnen."

Einige Tage darauf hielt Senator Passarinho vor dem Kongress eine Rede, die in jeder Hinsicht eine Verteidigungsrede für die indigenen Völker war, wie man sie von einem Abgeordneten noch nie gehört hatte. Die Verblüffung war groß. Man hat gesagt, der Senator ist doch Mitte-Rechts, und die Frage der indigenen Völker ist doch immer eine gewesen, die von Mitte-Links oder von ganz Links vertreten wurde. Und nun stellt ausgerechnet Passarinho sich auf diese Seite!? Aber er hat den Kongress überzeugt.

Der Senator ist insgesamt nicht von seinen rechten Positionen abgegangen, er denkt in vielen Fragen sicher ganz anders als ich. Aber was Amazonien betrifft, hatte er sich davon überzeugen lassen, dass er als Abgeordneter von Pará nicht die Augen und Ohren vor dem Schicksal dieser Völker verschließen kann.

Nur vierzig Prozent der Territorien sind ausgewiesen

Mit nur vier Gegenstimmen sind die Rechte der indigenen Völker in die Verfassung aufgenommen worden. Die Artikel 231 und 232 geben ihnen das Recht auf ihre angestammten Gebiete, auf ihre Sprache, auf ihre kulturellen und religiösen Ausdrucksformen. Damit war die Vormundschaft des Staates für diese Völker gefallen.

Doch wie wurden diese Rechte umgesetzt? In der neuen Verfassung vom Oktober 1988 wurde festgehalten, dass die Gebiete der indigenen Völker binnen fünf Jahren ausgewiesen werden müssen. Aber da ist vieles bis heute nicht geschehen. Es gibt in jüngster Zeit sogar Rückschläge. Die Großgrundbesitzer, das Agrobusiness, wollen die Verfassung ändern. Sie wollen erreichen, dass die Ausweisung der Gebiete nicht von der Regierung durchgeführt werden kann, sondern dass es immer einen Beschluss des Kongresses braucht. Da sind wir strikt dagegen. Ich habe dazu bei der Bischofskonferenz eine Erklärung eingebracht, die als Stellungnahme der Generalversammlung akzeptiert und verabschiedet wurde. Es geht ja schließlich um einen administrativen Akt, für den ethnologische, geografische, anthropologische Studien durchgeführt werden müssen. Und das ist nicht Sache der Politik.

Wir sagen, die Ausweisung der indigenen Gebiete ist eine technische Angelegenheit, um die Verfassung zu vollziehen, darüber kann man nicht abstimmen. Denn wir wissen genau, dass kein einziges Gebiet mehr ausgewiesen würde, wenn der Kongress darüber abstimmt. Dort haben längst wieder die Abgeordneten von Mitte-Rechts die Mehrheit. Die indigenen Völker sind aber heute selbst so weit, dass sie auf die Barrikaden gehen. Das ist ein großer Fortschritt und auch ein Erfolg der Kirche: Wir verstehen uns heute nicht mehr so, dass wir *für* die indigenen Völker etwas tun, sondern dass wir es *mit* ihnen tun, dass wir sie in dem unterstützen, was sie für sich selbst tun können und müssen. Wir unterstützen sie bei ihrer Lobby-Arbeit, finanziell und strategisch. Wir können ihnen sagen, wo sie auftreten müssen, wo sie im Kongress vorstellig werden können. Dafür geben wir ihnen auch Rechtsberatung.

Die Vertreter der indigenen Völker kommen in voller Kriegsbemalung im Kongress an. Das macht Eindruck. Denn der brasilianischen Regierung geht es immer darum, das Image, den Schein nach außen zu wahren. Und wenn die indigenen Völker im Kongress auftreten und protestieren, dann macht das unter Umständen kein gutes Bild. Da ist man dann lieber vorsichtig und kompromissbereit. Wenn in der ganzen Welt im Fernsehen gezeigt wird, wie die indigenen Völker im Kongress aufgetreten sind, da haben die Regierung und der Kongress große Angst davor, dass das Image Brasiliens in der Welt angekratzt werden könnte. Denn Brasilien legt großen Wert darauf zu sagen, wir sind ein Rechtsstaat, bei uns werden die Menschenrechte garantiert, die Menschenwürde wird verteidigt.

Es ist grauenhaft feststellen zu müssen, dass jetzt eine Kampagne beginnt mit der Forderung, die Verfassungsartikel für die indigenen Völker abzuändern. Weil es dem Agrobusiness nicht passt. Weil die Indios nach Ansicht der Großgrundbesitzer, Soja- und Zuckerrohrfarmer viel zu viel Land haben. Plötzlich wird die Geografie von Europa ins Spiel gebracht. Man argumentiert, das eine indigene Volk habe ein Land so groß wie Belgien, das andere habe ein Land so groß wie Portugal. Damit soll bewiesen werden, dass diese Flächen viel zu groß seien.

Die Wirtschaft will an diese Gebiete heran, ohne Rücksicht auf Verluste. Und die Politik ist immer sehr schnell mit dem Argument bei der Hand, dass es in einem bestimmten Gebiet ein bestimmtes Mineral oder ein seltenes Metall gebe, das nur dort abgebaut werden könne. Brasilien könne es sich nicht leisten, auf diese Rohstoffe zu verzichten. Der frühere Präsident Lula hat behauptet, die Indios seien ein Hemmschuh für den Fortschritt. Seine Begründung: Sie produzieren nicht.

Ja, es stimmt, die Indios produzieren nicht, aber sie leben und haben das Recht, so zu leben, wie sie leben. Aber in unserem System heißt es produzieren, wir müssen immer darauf schauen, dass etwas auf den Markt kommt. In Brasilien spricht man vom Wachstum des Bruttosozialprodukts und vom Export. Fortschritt ist Wachstum, Fortschritt ist Export. Da kommt der Indio nicht mit. Er ist seit unvordenklicher Zeit in diesem Gebiet angesiedelt, und jetzt soll er vertrieben werden. Das überlebt er nicht.

Obwohl die indigenen Völker die ersten Bewohner des Landes sind, werden ihre ursprünglichen Rechte seit der Ankunft der Konquistadores vor mehr als 500 Jahren missachtet, eingeschränkt oder gar verweigert. Unvergesslich bleibt die Botschaft von Marçal Tupã-i beim Papstbesuch am 10. Juli 1980 in Manaus: „Heiliger Vater, tragen Sie unsere Klage, unseren Schrei in die Welt hinaus. Unsere indigene Nation verschwindet aus Brasilien. Ich spreche hier für mehr als 200.000 Indios, die um ihr Überleben kämpfen, in diesem großen, aber für uns zu klein gewordenen Land." Marçal Tupã-i wurde am 25. November 1983 ermordet. Mehr als 30 Jahre sind seit dem aufrüttelnden Appell des indigenen Vertreters der Guarani-Kaiowá vergangen. Seine Worte sind heute leider genauso aktuell wie damals.

Wie ein Lichtstrahl am Horizont war daher die am 5. Oktober 1988 promulgierte Bundesverfassung erschienen. Sie hatte den indigenen Gemeinschaften das Recht auf ihre sozialen Organisationen, Sprachen, Religionen und Gebräuche sowie das Recht auf die von ihnen traditionell besetzten Gebiete und die Nutznießung der darin vorkommenden natürlichen Ressourcen eingeräumt. Doch die Hoffnungen der indigenen Völker, die sie in die Magna Charta setzten, zerstreuten sich im Wind. Auch die von Brasilien 2002 ratifizierte Konvention 169 der Internationalen Arbeitsorganisation und die vom brasilianischen Staat mitgetragene Erklärung der Rechte der indigenen Völker, die die UN-Generalversammlung 2007 beschlossen hat, sind für die Betroffenen nicht mehr wert als das Papier, auf dem diese Dokumente stehen.

Innerhalb von fünf Jahren, also von 1988 bis 1993, sollten gemäß einer Übergangsbestimmung in der Verfassung alle indigenen Gebiete demarkiert sein. Keine der seitherigen Regierungen unter José Sarney, Fernando Collor de Mello, Itamar Franco, Fernando Henrique Cardoso und Luiz Inácio Lula da Silva hat die Verfassung und noch weniger die indigenen Völker respektiert und die historische Schuld eingelöst.

Das jeweilige administrative Verfahren umfasst zwar mehrere Schritte, die aber mit entsprechendem politischen Willen und Druck in wenigen Monaten durchgeführt werden könnten. Die anthropologische Erhebung zur Bestätigung der traditionell indigenen Besetzung dient als Grundlage für die Identifikation. Danach folgen die Deklaration und die gerichtliche Beglaubigung des Gebietes, die der Präsident der Republik unterzeichnet. Abgeschlossen ist die Demarkierung mit der Eintragung in das Grundbuch. Auf all diese Schritte warten derzeit 582 der insgesamt 1046 indigenen Gebiete. Lediglich 464 Territorien, also 44,3 Prozent, sind geregelt. Doch auch das ist kein ausreichender Schutz vor Invasionen. Nach wie vor erheben Großgrundbesitzer, Immobilienfirmen, Reis- und Sojaproduzenten, Energiekonzerne, Bergbaugesellschaften bis hin zu Präfekturen Anspruch auf indigenes Land und bemühen alle gerichtlichen Instanzen, um sich noch mehr Besitz anzueignen.

Die Mühlen der Justiz mahlen in Brasilien bekanntlich noch langsamer als anderswo. Ein beschämendes Beispiel dafür ist ein Verfahren zur Annullierung von Besitztiteln, die der Bundesstaat Bahia in den 1960er Jahren illegal an Viehzüchter und Kakaoproduzenten vergeben hat. Dagegen hat die Nationale Behörde für die Indios FUNAI (Fundação Nacional do Índio) im Jahr 1982 Klage beim Obersten Gerichtshof eingebracht. Entschieden ist noch nichts und diese Verzögerung verhindert die Beglaubigung des Gebietes Caramuru-Catarina-Paráguaçu der Indios Pataxó Hã-Hã-Hãe.

Ebenfalls unerledigt vermodern seit 1991 in den Schubladen der Bundesabgeordneten und Senatoren Gesetzesprojekte über das Statut der indigenen Völker. Weil einige Regelungen, vor allem jene über den Bergbau in indigenen Gebieten, nicht den Interessen einflussreicher Politiker entsprechen, wurden Dutzende Änderungen und Ergänzungen am Text vorgenommen und immer neue Gesetzesprojekte werden eingebracht, um eine endgültige Verabschiedung möglichst lange aufzuschieben oder gar zu verhindern.

Vor allem wenn indigene Anliegen betroffen sind, setzt man alle Karten auf Verzögerung, um mangelnde politische Verantwortung zu verschleiern. Im Mai 1994 gründete Präsident Franco eine bereichsübergreifende Kommission zur Ausarbeitung von Grundsätzen sowie von Programmen, die von Regierungs- und Nicht-Regierungsorganisationen vorzuschlagen sind und die den Richtlinien der indigenen Politik entsprechen. Neben Repräsentanten der zuständigen Ministerien sollten „zwei Vertreter der zivilen Gesellschaft, die in einer Organisation zur Verteidigung der Interessen der indigenen Gemeinschaften" mitarbeiten, diesem Gremium angehören. Diese Kommission hat nie getagt!

Der Rat für die Indios und andere leere Versprechen

Zuversicht löste das Regierungsprogramm aus, welches Luiz Inácio Lula da Silva während des Wahlkampfes 2002 präsentierte. „Verpflichtung für die indigenen Völker" nannte er sein Dokument und versprach einen Rat für indigene Politik, in dem die Indios entscheidend vertreten sind, sowie eine besondere Zusammenarbeit mit der Bundesstaatsanwaltschaft. Landesweit diskutierte die indigene Bewegung Vorschläge und präsentierte diese dem damals neuen Präsidenten der Republik. Monate und Jahre vergehen. Bei zahlreichen Audienzen und Verhandlungen mit Regierungsorganen drängten indigene Vertreter auf die Einrichtung des angekündigten Rates, bis das entsprechende Dekret im März 2006 veröffentlicht wurde.

Mehr als ein Jahr später, am 19. April 2007, dem Tag der Indios, ernannte Justizminister Tarso Genro in einem Erlass die Mitglieder der Nationalen Kommission für Indigene Politik (CNPI), der 20 indigene Vertreter aus allen Regionen des Landes angehören, zehn von ihnen mit Sitz und Stimme und zehn als Berater. Die mit indigenen Anliegen befassten Ministerien entsenden dreizehn Vertreter. Als indigene Organisationen sind derzeit der Rat der Bischofskonferenz für die indigenen Völker (CIMI) und das Zentrum für Indigene Arbeit vertreten. Die Kommission, die für die Ausarbeitung, Begleitung und Evaluierung der offiziellen indigenen Politik zuständig ist, tagte erstmals am 4. und 5. Juni 2007 und beschloss unter anderem die Einrichtung von neun thematischen Subkommissionen. Seither finden alle zwei Monate Sitzungen statt, bei denen sich die Indios unüberhörbar zu Wort melden. Eine Bewährungsprobe zu bestehen hat wieder einmal die Regierung, ob sie die Vereinbarungen und Beschlüsse auch tatsächlich umsetzt, vor allem dann, wenn es um Leben und Tod geht und die Lösung von Missständen keinen Aufschub duldet.

Ein himmelschreiender Skandal ist nach wie vor die indigene Gesundheitsbetreuung. Besonders schlimm ist die Lage der etwa 4000 Indios Kanamari, Marubo, Mayuruna, Matís, Kulina, Korubo in Vale do Javari (Amazonas), dem zweitgrößten indigenen Gebiet des Landes. Rund 80 Prozent der Indios erkrankten an Malaria und in einigen Aldeias sind mehr als die Hälfte der Bewohner Virusträger von Hepatitis B. Laut Weltgesundheitsorganisation wären nur zwei Prozent akzeptabel. Nur zehn Prozent der geplanten Bluttests in der Region wurden durchgeführt. „Wir wissen nicht, welche Krankheiten es hier gibt", kritisierte ein indigener Vertreter.

Schlecht ist auch der gesundheitliche Zustand der Indios im Bundesstaat Rondônia. Neben den zahlreichen Malariafällen leiden viele Kinder unter Grippe, Durchfall und Dehydration. Beklagenswert ist hier zudem die fehlende Vorsorge für Schwangere. Seit drei Jahren gibt es für werdende Mütter keine der sechs vorgesehenen Untersuchungen während der Schwangerschaft. Immer häufiger tritt die parasitäre Infektionskrankheit Toxoplasmose auf, wohl auch deshalb, weil den Frauen nicht bekannt ist, dass sie während der Schwangerschaft vorsichtig im Umgang mit Haustieren sein sollten.

Im sogenannten Haus des Indio, in dem Erkrankte entsprechende Medikamente erhalten, sich von einer Operation erholen können oder Frauen auf die Geburt warten, gibt es vier bis fünf Mal mehr Hilfesuchende, als Betten zur Verfügung stehen. Hochschwangere liegen auf Matratzen im Speisesaal oder in der Hängematte unter dem Vordach. Auch in den Bundesstaaten Roraima, Tocantins und Goiás ist die Ausstattung in den Häusern des Indios überaus dürftig. Es fehlen Medikamente und Personal, um die Tuberkuloseerkrankten zu behandeln.

Angesichts der Tatsache, dass die indigene Kindersterblichkeit als Folge der Unterernährung im Bundesstaat Mato Grosso do Sul drei Mal höher ist als im internationalen Durchschnitt, müsste die brasilianische Regierung vor Scham in den Boden versinken. Doch nicht einmal der sinnlose Tod von Kindern lange vor ihrer Zeit kann die dringende Reform der Gesundheitspolitik bewirken. Eine sofortige Verbesserung würde die Aufhebung der Privatisierung und Kommunalisierung mit sich bringen. Würde den Gemeinschaften künftig mehr Mitsprache bei der Durchführung von Vorsorgeprogrammen, bei der Auswahl des Gesundheitspersonals und der Verwendung der finanziellen Ressourcen eingeräumt, könnte sich der Gesundheitszustand mittelfristig merklich verbessern und wir müssten weniger oft mit den Indios die Totenklage anstimmen.

Der Ausspruch „Nur ein toter Indianer ist ein guter Indianer" wird dem amerikanischen General Philip Henry Sheridan († 1888) zugeschrieben. Wörtlich sagte er zwar „The only good Indians I ever saw were dead", aber die Jagd dieses Generals auf die Ureinwohner Nordamerikas ist ein Beweis für den ihm zugeschriebenen Satz. Sogar eine Kopfprämie gab es für die Tötung eines Indianers, wie aus Berichten von Nordamerika im ausgehenden 19. Jahrhundert bekannt ist. Viele indigene Gemeinschaften wurden im Norden des Kontinents gewaltsam ausgelöscht. Dieses grausame Los ereilte auch die indigenen Völker in Mittel- und Südamerika. Das 21. Jahrhundert ist angebrochen und noch immer schreit das Blut unserer indigenen Schwestern und Brüder vom Ackerboden zum Himmel (vgl. Genesis 4,10).

Es sind Menschen, Individuen, Personen, die einen Namen haben. Geläufige Namen in Brasilien wie Cláudio, Gilson, Marcelo, Marina, Márcio, Ramona, Francisco, César, Edson, Mário, Valdir, Lucas, Ademir. Diese dreizehn Namen und weitere 35 stehen auf einer Liste jener insgesamt 48 Indios des Volkes der Guarani-Kaiowá, die allein im Jahr 2007 im Bundesstaat Mato Grosso do Sul ermordet wurden. Brasilienweit beklagten wir in diesem einen Jahr, das hier beispielhaft angeführt sei, den gewaltsamen Tod von 76 Indios.

In den Statistiken sind diese Opfer bloß eine Zahl, ihre Lebensgeschichte, ihr individuelles Schicksal bleibt dabei verborgen. Und doch ist ihre brutale Ermordung mehr als nur eine statistische Größe. Es ist der schmerzliche Verlust eines Sohnes, einer Tochter, eines Bruders, einer Schwester, eines Vaters, einer Mutter, eines Enkels, einer Nichte, eines Neffen, die einer Familie, einer Gemeinschaft, einem Volk angehörten, das seit langem und ständig bedroht ist. Die Guarani-Kaiowá, das größte indigene Volk Brasiliens, leben zusammengepfercht in viel zu kleinen Gebieten, leiden unter Hunger, Gewalt, Vorurteilen, mangelnder Unterstützung als Folge der Missachtung ihres Rechts auf Land.

Vor allem junge Indios empfinden die territoriale Eingrenzung wie einen Kerker. Sie sehen keine Perspektiven für ihre Zukunft und wählen die Selbsttötung als einzigen und letzten Ausweg. Allein im Jahr 2007 haben laut Rat der Bischofskonferenz für die indigenen Völker (CIMI) 25 Indios – darunter mehr als die Hälfte zwischen 13 und 20 Jahren – ihr Leben selbst beendet. Kinder sterben an den Folgen der Unterernährung, weil es keine Felder gibt, um Maniok, Reis und Bohnen anzupflanzen. Unrechtmäßig eignen sich Großgrundbesitzer, Landspekulanten, Holzfirmen und internationale Rohstoffunternehmen indigene Territorien an, um noch mehr Vieh auf die Weide treiben zu können, um noch üppigere Eukalyptusbäume zu ziehen, um noch riesigere Plantagen mit Soja und Zuckerrohr anzulegen. Die Monokulturen laugen die Böden aus und schädigen nachhaltig das ökologische Gleichgewicht. Die Produktion ausweiten, die Rentabilität steigern und Gewinn anhäufen ist das Credo dieser wirtschaftlich Mächtigen.

8. Der Alternative Nobelpreis als Ermutigung

„Der wichtigste Menschen- und Umweltschützer Brasiliens"

Am 6. Dezember 2010 habe ich im schwedischen Reichstag in Stockholm den Alternativen Nobelpreis erhalten. „Mein" Vorarlberger Landeshauptmann Herbert Sausgruber meinte dazu, diese Auszeichnung sei eine verdiente Anerkennung für meinen jahrzehntelangen selbstlosen Einsatz für die Rechte der indigenen Völker am Rio Xingu in Brasilien. Zu den Gratulanten gehörte auch der WWF, der vom „wichtigsten Menschen- und Umweltschützer Brasiliens" sprach, „der in unermüdlichem Einsatz zur Rettung der Lebensräume am Amazonas beigetragen hat".

Diese hohe Auszeichnung war mir, das darf ich sagen, auch eine persönliche Genugtuung. Aber vor allem war der Alternative Nobelpreis eine große Hilfe in unserem Kampf für Amazonien. Ich bin im Vorfeld viel befragt worden, wie ich mich für Amazonien einsetze, für die indigenen Völker, für die Menschenrechte. Man hat der Jury auch unterbreitet, dass ich deswegen unter Polizeischutz stehe. Als ich nominiert wurde, war ich in Uruará, 200 Kilometer von Altamira entfernt. Dort funktioniert das Handy. Ich habe einen Anruf von Ole von Uexküll erhalten. Er hat gesagt, es ist sicher eine große Überraschung für Sie, aber ich freue mich, Ihnen mitteilen zu dürfen, dass Sie für den Alternativen Nobelpreis nominiert worden sind. Ich dürfe es noch nicht an die große Glocke hängen, weil es erst offiziell bekanntgegeben werde, aber ich solle mich darauf vorbereiten, nach Stockholm zu kommen.

In Brasilien selbst wurde das zunächst wenig wahrgenommen, aber interessanterweise wurde der Alternative Nobelpreis dann sehr stark mit meinem Kampf gegen den Staudamm Belo Monte verbunden, obwohl das ursächlich nichts miteinander zu tun gehabt hat. In den Medien in Brasilien war die erste Meldung, ausgerechnet der Bischof, der gegen Belo Monte auftritt, hat den Alternativen Nobelpreis bekommen.

Bei der Preisverleihung in Stockholm durch die Stiftung „Right Livelihood Award" („Preis für richtiges Leben") habe ich auf die skrupellose Umweltzerstörung in Amazonien hingewiesen und auch über die Sklaverei in unserem Bundesstaat Pará gesprochen:

Seit 45 Jahren bin ich mit den Menschen und Völkern dieser Region unterwegs. Es sind die indigenen Völker, die seit Jahrtausenden dort leben; es sind die Menschen, die an den Flussufern wohnen und vom Fischfang und der kleinen familiären Landwirtschaft leben. Es sind die vielen Tausende von Migrantenfamilien, die in den letzten Jahrzehnten auf der Suche nach besseren Lebensbedingungen aus allen Bundesstaaten Brasiliens zugewandert sind.

Es sind die Menschen, denen ich mein Leben widme. Es sind die Menschen, die ich liebe und kenne, und es sind die Menschen, die mich lieben. Der Grund dafür ist einfach: Als ich vor 45 Jahren, 1965, nach Brasilien, nach Amazonien und an den Xingu kam, spürten sie, dass ich nicht auf der Suche nach Reichtum oder Privilegien kam. Ich kam, um diesen Töchtern und Söhnen Gottes zu dienen. Sie sind die Frauen und Männer, die mit mir unterwegs sind. Miteinander schützen wir ihre Würde, ihre Menschenrechte und unsere Umwelt – unser gemeinsames Haus auf der Mutter Erde. Ökologie – vom griechischen Wort „oikos" – bedeutet Haus, Heim! Diese Menschen wissen sehr genau, dass sie nicht überleben werden, wenn Amazonien weiterhin missachtet und zerstört wird. Und sie wissen, dass diese grausame Zerstörung für den Planet Erde nicht wiedergutzumachende Folgen hat. Es wird die wirkliche Apokalypse sein.

Tatsache ist: Alle, die sich gegen die skrupellose Umweltzerstörung stellen, gegen jene, die nicht die geringste Achtung vor dem Menschen haben, gegen jene, die sofortige und gigantische Gewinne suchen, gegen die Ambitionen vieler Politiker und Unternehmer – alle diese Menschen riskieren ihr Leben. Verleumdungen, Diffamierungen und Morddrohungen sind die Waffen, mit denen man diejenigen einzuschüchtern versucht, die ihre Stimme gegen die Verletzungen der Menschenwürde erheben.

Das ist einer der Gründe, weshalb die Sicherheitsbehörden am 29. Juni 2006 beschlossen haben, mich unter den Polizeischutz des Bundesstaates Pará zu stellen. Sie fühlen sich verantwortlich für die – wie sie sagen – „physische Integrität des Xingu-Bischofs". Seit diesem Tag begleiten mich in meiner Heimatregion des Xingu auf Schritt und Tritt bewaffnete Polizisten. Heute Abend haben sie frei.

Ich nehme den Alternativen Nobelpreis im Namen all jener an, die mit mir heute für die indigenen Völker, für Amazonien und für die Menschenrechte kämpfen. Ich nehme ihn im Namen Dutzender von Menschen an, die ihre Leben gegeben haben, deren Blut vergossen wurde, die brutal ermordet worden sind, weil sie sich der systematisierten Zerstörung Amazoniens widersetzt haben. Unter den Menschen, die ermordet wurden, möchte ich zwei erwähnen, die mit mir Seite an Seite gearbeitet haben: Dorothy Mae Stang und Ademir Alfeu Federicci (es folgte die Beschreibung der beiden Mordanschläge, siehe oben).

Das Projekt Belo Monte scheint unantastbar und nicht hinterfragbar zu sein. Es nimmt den Anschein eines wahrhaft „historischen Subjekts" an. Die Menschen, Familien, Gemeinden und Kommunen sind nicht länger die Protagonisten ihrer Geschichte. Sie wurden nie angehört, sondern zum Schweigen gebracht, noch ehe das Projekt in der Hauptstadt Brasilia geplant und ausgearbeitet wurde. Es hat niemals die legitimen Rechte und Sorgen der Bevölkerung am Xingu berücksichtigt. Alle, die dieses Projekt hinterfragen, werden sofort als „Feinde des Fortschritts" abgestempelt oder als „Gegner der Entwicklung".

Wenn man die Größe Amazoniens betrachtet (etwas mehr als die Hälfte ganz Brasiliens), dann ist es erstaunlich, dass sein Hauptproblem mit dem Grundbesitz und der Nutzung des Landes zusammenhängt. Die meisten anderen Probleme haben ihre Wurzeln in diesem grundsätzlichen Problem:

- Die Gewalt der Landkonflikte hat zu tun mit der Konzentration des Landbesitzes und der schändlichen Straflosigkeit, welche die Kriminellen genießen. Sie morden, und nichts passiert! Wenn sie verhaftet werden, kommen sie schon am nächsten Tag wieder frei. Wenn sie verurteilt werden, laufen sie schon am nächsten Tag wieder frei auf der Straße herum.
- Es fehlt der politische Wille, die Bewahrung Amazoniens, dieses riesigen Bioms, zu fördern. Amazonien ist einzigartig, seine Biodiversität ist außergewöhnlich. Auf der ganzen Welt gibt es nichts, was sich mit dieser Region vergleichen lässt, mit diesem Wunder der Schöpfung Gottes. Brasilien ist verantwortlich für den größten Teil dieses Bioms Amazonien.
- Ein weiteres riesiges Problem ist der Menschenhandel. Junge Menschen beiderlei Geschlechts werden mit Versprechungen eines besseren Lebens und üppiger Gehälter ins Ausland gelockt. Sie verfangen sich im internationalen Netzwerk der Prostitution! Sie träumen davon, ein besseres Leben zu führen, sie haben Träume für ihre Zukunft. Aber sie werden gezwungen, in einer Hölle von Sklaverei und Brutalität zu leben. Die Kinderprostitution in Amazonien wird oft von Menschen aus den oberen Gesellschaftsschichten organisiert. Es sind Politiker, Unternehmer oder Kaufleute. Sie locken, versprechen, gebrauchen und missbrauchen. Und diesen sexuellen Verbrechern passiert nichts – ihr Schutz ist die Korruption.

Ich erhalte diese Auszeichnung wegen meines Engagements für die indigenen Völker, ihre Rechte und ihre Würde. Die Verteidigung dieser Menschen, welche die Überlebenden von jahrhundertelangen Massakern sind, ist mir immer ein besonderes Anliegen, eine Mission, gewesen. In den 80er Jahren, in Zusammenhang mit der Verfassunggebenden Nationalversammlung, hatten wir das Ziel, die Rechte der indigenen Völker in der Verfassung zu verankern. Es war wesentlich, die Kaziken zu ermutigen, in diesem Prozess als Protagonisten aufzutreten und ihre eigene Geschichte zu schreiben. Wir begannen, eine „Allianz" aufzubauen zwischen den indigenen Völkern und den Organisationen der nicht-indigenen Gesellschaft.

Heute Abend nutze ich die Gelegenheit, um die Aufmerksamkeit der internationalen Gemeinschaft auf das Leid, die Verzweiflung und die Not des Volkes Guarani-Kaiowá im Bundesstaat Mato Grosso do Sul zu lenken. Die Indigenen sind auf kleine Gebiete zusammengedrängt, ihre jungen Leute sehen keine Perspektiven für die Zukunft und die Selbstmordrate unter ihnen ist alarmierend hoch. Fabrikbesitzer, die mit moderner Sklavenarbeit produzieren, werden von den staatlichen Stellen wie Helden behandelt. Ich bin tief besorgt über die Gewalt gegen die Guarani-Kaiowá. Die gegenwärtige Regierung ignoriert diesen grausamen Völkermord, der sich vor ihren Augen abspielt. Aber wir dürfen unsere Augen vor solchen Verbrechen nicht verschließen!

Meine Damen und Herren der Jury! Ich nehme die Auszeichnung dankbar an, im Namen all jener Frauen und Männer, die gemeinsam mit mir kämpfen und nie aufgegeben haben. Ich danke all jenen, die mich während der letzten Jahre unterstützt haben, und denen, die meine Arbeit der Right Livelihood Award Jury empfohlen haben. Ich bin für den Right Livelihood Award zutiefst dankbar. Ich werde mit dieser Auszeichnung in einem Augenblick geehrt, in dem unser Kampf für die indigenen Völker, die Menschenwürde und Menschenrechte neue Dimensionen und eine grö-

ßere Bedeutung annimmt angesichts der Entwicklungsprojekte, die
Amazonien bedrohen. Diese anti-ökologischen Wirtschaftsprojek-
te werden eine enorme und destruktive Auswirkung für alle haben,
die heute Abend hier in Stockholm versammelt sind, für alle Menschen dieser Erde.

Es ist mir eine Ehre, die Auszeichnung der Right Livelihood
Foundation als eine internationale Anerkennung und Unterstützung unseres rückhaltlosen Engagements in dieser Arbeit anzunehmen. Ich verspreche weiterzumachen, so lange Gott mir das Leben
erhält.

„Alles nicht wahr" – die Strategie der Regierung

Auf diese Rede hin hat mir ein Vertreter der brasilianischen Botschaft in Stockholm sofort einen Brief in englischer Sprache geschrieben – warum schreibt er mir nicht auf Portugiesisch? – und
mir entschieden widersprochen. Ich habe ihm zurückgeschrieben
und gefragt, ob er jemals in Amazonien gewesen sei. Er war es nie.
Ich bin dagegen vor Ort und weiß, wovon ich rede. Es gibt sogar von
der Bundespolizei eine Anzeige nach der anderen, in der diese Zustände angeklagt werden, dass Großgrundbesitzer die Menschen in
völliger Abhängigkeit und in sklavenähnlichen Verhältnissen halten.
Das hat der Botschaftsvertreter auch nicht gewusst. Ihm ist es nur
darum gegangen, dass ich das Image Brasiliens im Ausland angekratzt hatte. Da musste er widersprechen.

Der Botschafter und die brasilianische Regierung ließen mich ihren Unmut schon in Stockholm selbst spüren. Die österreichische
Botschafterin bat mich zum Mittagessen und hat dazu selbstverständlich auch den Vertreter der brasilianischen Botschaft in Stockholm eingeladen. Dieser ließ ihr per E-Mail ausrichten, dass er diese
Einladung nicht annehmen könne, weil er nicht am selben Tisch mit

diesem Bischof sitzen möchte. Unsere Botschafterin hat mir die E-Mail gezeigt und gemeint: Du hast offenbar nicht nur Freunde!

Ich habe sofort zurückgeschrieben und mich dabei vor allem auf offizielle Dokumente zum Kraftwerk Belo Monte gestützt. Unter anderem habe ich den Protest der staatlichen Umweltbehörde IBAMA (Instituto Brasileiro do Meio Ambiente e dos Recursos Naturais Renováveis) gegen die „Partielle Errichtungslizenz" erwähnt. Mit dieser Lizenz wurden Vorarbeiten für den Kraftwerksbau genehmigt, obwohl 40 Auflagen der Umweltbehörde in keiner Weise erfüllt worden waren. Die Leute wurden mit leeren Versprechen vertröstet, so wie es auch bei den Kraftwerken Tucuruí, Balbina, Jirau und Santo Antonio geschehen ist.

Weiters habe ich in meinem Schreiben an die brasilianische Botschaft in Stockholm darauf hingewiesen, dass die betroffenen indigenen Völker entgegen den Schutzbestimmungen in der brasilianischen Verfassung nicht angehört worden waren. Die wenigen öffentlichen Anhörungen waren völlig unzureichend, um die Leute in dem weit verzweigten Flussgebiet des Xingu zu erreichen. Es wurde ihnen weder die Möglichkeit gegeben, ihre Standpunkte darzulegen, noch wurden Fragen, die sie eingebracht haben, auch nur einigermaßen beantwortet. Ausführlich habe ich in meiner Erwiderung an die Botschaft die Zerstörung des Regenwaldes zur Sprache gebracht:

Ich besuche regelmäßig alle Gebiete meiner Prälatur Xingu, die 365.000 Quadratkilometer umfasst. Dabei musste ich feststellen, dass es Gemeinden gibt, in denen nur mehr zehn Prozent der ursprünglichen Vegetation vorhanden sind. In anderen Gemeinden gibt es diese Vegetation nur mehr dort, wo es sich um abgegrenzte Schutzgebiete der indigenen Völker handelt. Es ist daher eine Verzerrung der Tatsachen, wenn die Regierung Statistiken vorlegt, in denen von einem Rückgang der Abholzung die Rede ist. Denn

naturgemäß kann dort, wo nichts mehr ist, auch nichts mehr abge-
holzt werden.

Es ist richtig, dass die völlige Abholzung großer Gebiete zurück-
gegangen ist. Aber insgesamt hat die Vernichtung des Regenwaldes
in einem alarmierenden Ausmaß zugenommen. Der Grund ist
eine besorgniserregende Änderung in der Vorgangsweise. Anstatt
riesige Gebiete völlig kahl zu schlagen, werden kleine Regionen ab-
geholzt. Dadurch wird es viel schwieriger, diese Schlägerungen zu
entdecken und gegen sie anzukämpfen.

Sie weisen darauf hin, dass „nur" 20 Prozent des Regenwaldes
in Amazonien abgeholzt worden seien. Optimistische Schätzungen
gehen sogar davon aus, dass es „nur" 17 Prozent seien. Aber ganz
unabhängig davon weisen viele Wissenschafter darauf hin, dass
20 Prozent den „point of no return" für die Vegetation bedeuten:
der Punkt, an dem der Regenwald unwiederbringlich kollabiert.
Anerkannte Wissenschafter wie Oswaldo Sevá weisen darauf hin,
dass die Abholzungen, die durch das Kraftwerk Belo Monte und
durch den Zustrom von 100.000 Menschen an den Xingu ver-
ursacht werden, genau die kritische 20-Prozent-Marke bedeuten
werden.

Die Strategie der brasilianischen Regierung ist, dass alles geleugnet wird, was nicht sein darf. Das ist auch im Europaparlament so
geschehen. Dort hat die grüne österreichische Abgeordnete Ulrike
Lunacek Vertreter aus Amazonien eingeladen, die genau dasselbe
gesagt haben wie ich in Stockholm: über die Rodungen, über die
Kraftwerke, über die sklavenähnliche Ausbeutung der indigenen
Völker. Die brasilianische Regierung hat daraufhin sofort eine
hochrangige dreiköpfige Delegation nach Brüssel geschickt, die alles
in Abrede gestellt hat. Den Leiter dieser Delegation kenne ich sogar.
Ich habe mit ihm gemeinsam ein Fernsehinterview in Brasilien gegeben. Er hatte versucht, mich zur Schnecke zu machen. In all seiner

Arroganz hat er offenbar gemeint, mit diesem Bischof aus dem Urwald werde er schon noch fertig werden. Aber ich habe ihm dann so geantwortet, dass er still geworden ist.

Wir leben in Amazonien, wir kennen uns aus, wir erleben täglich, wie es den Leuten geht und wie mit ihnen umgegangen wird. Und dann kommt einer aus Brasilia, der noch nie in Amazonien gewesen ist, und behauptet von allem das Gegenteil. Das kann man nicht akzeptieren. Ich habe ja den Vorteil, dass ich die brasilianische Staatsbürgerschaft habe und dass ich bereits in der vierten Funktionsperiode Präsident des Rates der Bischofskonferenz für die indigenen Völker (CIMI) bin. Daher können sie mir nichts anhaben.

Durch den Alternativen Nobelpreis werde ich immer wieder eingeladen, mit anderen Preisträgern zu internationalen Fragen der Menschenrechte und der Umwelt Stellung zu beziehen. Weitere Brasilianer, die den Alternativen Nobelpreis erhalten haben, sind der Befreiungstheologe Leonardo Boff und Chico Whitaker, der unermüdliche Kämpfer gegen das Atomenergieprogramm Brasiliens.

Vier, fünf Mal im Jahr muss ich meist eine Woche lang nach Brasilia, als Vorsitzender von CIMI und als Sekretär der Bischöflichen Kommission für Amazonien. Dazu kommen die regionale Bischofskonferenz von Amazonien und die nationale Bischofskonferenz. Alles in allem bin ich zwei Monate im Jahr durch diese überregionalen Aufgaben gebunden. Aber es ist ein Einsatz, der sich lohnt. Hier steht die Kirche genau an der Seite der Ausgegrenzten, der Überflüssigen, so wie es die Lateinamerikanischen Bischofsversammlungen als Auftrag formuliert haben.

DRITTES KAPITEL

Meine Hoffnung
für die Kirche

9. Das neue Gesicht der armen Kirche

Die zärtliche Option Gottes für die Armen

Seit Jahrzehnten leben die lateinamerikanischen Ortskirchen die „Option für die Armen". Ausgehend von der sozialen und wirtschaftlichen Ausgrenzung und Ungleichheit haben die gemeinsamen Konferenzen der Bischöfe von Lateinamerika und der Karibik diese Option in Worte gefasst und dabei um manche Formulierung buchstäblich gerungen. Da sich die Kirche nicht nur den Armen zuwendet, wurden die Begriffe „vorrangig" und „nicht ausschließend" hinzugefügt. Vorrangig, weil die Armen bei Jesus einen besonderen Platz einnehmen, nicht ausschließend, weil die Botschaft Jesu an alle Menschen gerichtet ist. Plötzlich reden sogar Politiker, darunter ein ehemaliger brasilianischer Staatspräsident, von der „Option für die Armen". Darum sprach die Brasilianische Bischofskonferenz fortan von der „evangelischen" Option für die Armen, damit kein Zweifel besteht, dass es der Kirche nicht um eine parteipolitische Option geht.

Uneingeschränkt bekundet die Bibel die zärtliche Option Gottes für die Armen. Der Gott der Bibel hat keine Vorbehalte und ist nicht zurückhaltend, wenn die Armen, die Ausgeschlossenen, die Verelendeten Unterstützung und Beistand brauchen. Die Thora und die Propheten weisen immer wieder auf Menschen in Not und Bedrängnis hin. Gott erinnert Israel an seine eigene Geschichte im Sklavenhaus Ägyptens: Der Herr, euer Gott, „verschafft Waisen und Witwen ihr Recht. Er liebt die Fremden und gibt ihnen Nahrung und Kleidung – auch ihr sollt die Fremden lieben, denn ihr seid Fremde in Ägypten gewesen" (Dt 10,18).

„Lernt, Gutes zu tun! Sorgt für das Recht! Helft den Unterdrückten! Verschafft den Waisen Recht, tretet ein für die Witwen!" (Jes 1,17), ruft der Prophet Jesaja und beklagt die Korruption innerhalb der Führungsschicht: „Deine Fürsten sind Aufrührer und eine Bande von Dieben, alle lassen sich gerne bestechen und jagen Geschenken nach. Sie verschaffen den Waisen kein Recht, die Sache der Witwen gelangt nicht vor sie" (Jes 1,23).

Gott selbst macht den geschwisterlichen Umgang mit den Wehr- und Schutzlosen zur Bedingung für seine Gegenwart unter dem Volk. So heißt es beim Propheten Jeremia: „Nur wenn ihr euer Verhalten und euer Tun von Grund auf bessert, wenn ihr gerecht entscheidet im Rechtsstreit, wenn ihr die Fremden, die Waisen und Witwen nicht unterdrückt, unschuldiges Blut an diesem Ort nicht vergießt, dann will ich bei euch wohnen hier an diesem Ort, in dem Land, das ich euren Vätern gegeben habe, für ewige Zeiten" (Jer 7,5–7). Mehr noch, Gott selbst verspricht den Rechtlosen seine zärtliche Liebe: „Lass deine Waisen! Ich will für sie sorgen, deine Witwen können sich verlassen auf mich" (Jer 49,11).

Viele Psalmen sind Klagelieder der Armen, die ihr Vertrauen in den väterlichen-mütterlichen Gott setzen. Die Armen, die Unglück- lichen, die Verfolgten, die von Angst und Not gebeugten Menschen glauben an einen Gott, der sie versteht, der sich ihnen in unendlicher Liebe zuwendet. „Doch der Arme ist nicht auf ewig vergessen, des Elenden Hoffnung ist nicht für immer verloren" (Ps 9,19). „Herr, du hast die Sehnsucht der Armen gestillt, du stärkst ihr Herz, du hörst auf sie: Du verschaffst den Verwaisten und Bedrückten ihr Recht. Kein Mensch mehr verbreite Schrecken im Land" (Ps 10,17–18).

Welch innige und vertrauende Bitte an einen zärtlichen Gott ist im Psalm 25 überliefert: „Wende dich mir zu und sei mir gnädig; denn ich bin einsam und gebeugt. Befreie mein Herz von der Angst, führe mich heraus aus der Bedrängnis! Sieh meine Not und Plage an und vergib mir all meine Sünden! Siehe doch, wie zahlreich mei- ne Feinde sind, mit welch tödlichem Hass sie mich hassen! Erhal- te mein Leben und rette mich, lass mich nicht scheitern! Denn ich nehme zu dir meine Zuflucht" (Ps 25,16–20).

Auf dem Hintergrund der Thora und der Propheten, die Jesus von Kindheit an daheim und in der Synagoge gehört hat, und der Psalmen, die er mit seinen Eltern Maria und Josef gebetet hat, kündigt sich Jesus als Messias der Armen an. Er selbst ist arm geboren, außerhalb der Stadt, „weil in der Herberge kein Platz" (Lk 2,7) war. Seine erste Wiege ist eine erbärmliche Futterkrippe für das Vieh. Arm, als „eines Zimmermanns Sohn" (Mt 13,55), wächst er in Nazareth auf. Arm bleibt er sein Leben lang: „Die Füchse haben ihre Höhlen und die Vögel ihre Nester; der Menschensohn aber hat keinen Ort, wo er sein Haupt hinlegen kann" (Mt 8,20). Arm, auf einem Hügel – wiederum außerhalb der Stadt –, völlig entblößt, sogar seiner Kleider beraubt (vgl. Mt 27,35), stirbt er am Kreuz.

Jesus beginnt seine Bergpredigt auf einem Hügel in der Nähe von Kafarnaum mit den Worten: „Selig, die arm sind vor Gott, denn ihnen gehört das Himmelreich. Selig die Trauernden; denn sie werden getröstet werden. Selig, die keine Gewalt anwenden; denn sie werden das Land erben. Selig, die hungern und dürsten nach der Gerechtigkeit; denn sie werden satt werden" (Mt 5,3–6). Die erste Seligpreisung gehört den Armen und wir können darin geradezu eine Erneuerung und Festigung des Bundes Gottes mit den Armen, den „anawim" sehen. Gottes Heilsbotschaft richtet sich zuerst an die Armen – und an die Gewaltlosen, die Schwachen, die Verelendeten, die Ohnmächtigen, die in dieser Welt keine Anerkennung finden.

Im Lukasevangelium stimmt Maria, das arme Mädchen aus Nazareth, ihr Magnifikat an, den Lobgesang der Armen (Lk 1,46–55). Sie besingt die Verheißungen seit Anbeginn der Menschheit, die nun endlich in Erfüllung gehen: „Er stürzt die Mächtigen vom Thron und erhöht die Niedrigen. Die Hungernden beschenkt er mit seinen Gaben" (Lk 1,52–55). Wer hört aus diesem Jubelgesang Marias nicht das prophetische Halleluja Jesajas heraus: „Jubelt, ihr Himmel, jauchze, o Erde, freut euch, ihr Berge! Denn der Herr hat sein Volk getröstet und sich seiner Armen erbarmt" (Jes 49,13)?

Jesus selbst versteht sich als Messias der Armen und es sind auch die „anawim", die Armen, die Gebeugten, die Gedemütigten, die Verstoßenen, die Ausgegrenzten, die an den Rand Gedrückten, die Enterbten, die Waisen und Witwen, die entwürdigten Frauen, die allein gelassenen Kinder, die zu ihm kommen, auf ihn hören, ihm vertrauen und ihn ausrufen lassen: „Ich preise dich, Vater, Herr des Himmels und der Erde, weil du all das den Weisen und Klugen verborgen, den Unmündigen aber offenbart hast" (Mt 11,25). Das Beispiel und die Worte Jesu, die Heilige Schrift, das Gesetz und die Propheten, sind und werden immer Ausgangspunkt und Hintergrund für die Verkündigung des Evangeliums und alle unsere sozialen und pastoralen Initiativen sein.

Der Katakombenpakt der Bischöfe in Rom

Eine außergewöhnliche Manifestation dieser Option für die Armen gab es am 16. November 1965, drei Wochen vor dem Abschluss des Zweiten Vatikanischen Konzils. Damals haben sich in den Domitilla-Katakomben außerhalb Roms 40 Bischöfe aus der ganzen Welt getroffen. Sie griffen ein Leitwort von Papst Johannes XXIII. auf: die „Kirche der Armen". Damit war keine Sonderkirche gemeint, die im Gegensatz zu anderen Gruppierungen in der Kirche stünde – etwa die Armen gegen die Reichen oder die Laien gegen die Priester. Vielmehr hatte der Papst betont, dass die Armen die Kirche repräsentierten. Denn sie seien die Mehrheit der Christen in der heutigen Welt.

Die 40 Bischöfe legten bei diesem Treffen ein Gelübde ab. Sie versprachen, nach ihrer Rückkehr vom Konzil, das am 8. Dezember 1965 zu Ende ging, ein einfaches Leben zu führen, allen Zeichen der Macht zu entsagen, die Welt mit den Augen der Armen zu sehen und einen Pakt mit ihnen zu schließen: die „Option für die Armen". Diese Option lenkt den Blick auf die gesellschaftlichen Wurzeln der

Armut. Es gibt keine Armen, es gibt nur Menschen, die von anderen arm gemacht und arm gehalten werden.

Die „Katakomben-Bischöfe" haben die Prinzipien des Konzils in der Praxis ausgeführt: die Durchdringung von Lehre und Seelsorge und die Sicht der Kirche als Volk Gottes. Ein wichtiges Ergebnis war die Entstehung der Basisgemeinden und der Theologie der Befreiung in Lateinamerika. Die Verpflichtung der 40 Bischöfe, der sich später noch etwa 500 weitere Bischöfe anschlossen, hatte folgenden Wortlaut:

Als Bischöfe, die sich zum Zweiten Vatikanischen Konzil versammelt haben, die sich dessen bewusst sind, wie viel ihnen noch fehlt, um ein dem Evangelium entsprechendes Leben in Armut zu führen, die sich gegenseitig darin bestärkt haben, gemeinsam zu handeln, um Eigenbrötelei und Selbstgerechtigkeit zu vermeiden, die sich eins wissen mit all ihren Brüdern im Bischofsamt; nehmen wir in Demut und der eigenen Schwachheit bewusst, aber auch mit Entschiedenheit und all der Kraft, die Gottes Gnade uns zukommen lassen will, folgende Verpflichtungen auf uns:

1. *Wir werden uns bemühen, so zu leben, wie die Menschen um uns her üblicherweise leben, im Hinblick auf Wohnung, Essen, Verkehrsmittel und allem, was sich daraus ergibt (vgl. Matthäus 5,3; 6,33–34; 8,20).*
2. *Wir verzichten ein für alle Mal darauf, als Reiche zu erscheinen wie auch wirklich reich zu sein, insbesondere in unserer Amtskleidung (teure Stoffe, auffallende Farben) und in unseren Amtsinsignien, die nicht aus kostbarem Metall – weder Gold noch Silber – gemacht sein dürfen, sondern wahrhaft und wirklich dem Evangelium entsprechen müssen (vgl. Markus 6,9; Matthäus 10,9; Apostelgeschichte 3,6).*

3. Wir werden weder Immobilien oder Mobiliar besitzen noch mit eigenem Namen über Bankkonten verfügen; und alles, was an Besitz notwendig sein sollte, auf den Namen der Diözese bzw. der sozialen oder karitativen Werke überschreiben (vgl. Matthäus 6,19–21; Lukas 12,33–34).

4. Wir werden, wann immer dies möglich ist, die Finanz- und Vermögensverwaltung unserer Diözesen in die Hände einer Kommission von Laien legen, die sich ihrer apostolischen Sendung bewusst und fachkundig sind, damit wir Apostel und Hirten statt Verwalter sein können (vgl. Matthäus 10,8; Apostelgeschichte 6,1–7).

5. Wir lehnen es ab, mündlich oder schriftlich mit Titeln oder Bezeichnungen angesprochen zu werden, in denen gesellschaftliche Bedeutung oder Macht zum Ausdruck gebracht werden (Eminenz, Exzellenz, Monsignore …). Stattdessen wollen wir als „Padre" angesprochen werden, eine Bezeichnung, die dem Evangelium entspricht.

6. Wir werden in unserem Verhalten und in unseren gesellschaftlichen Beziehungen jeden Eindruck vermeiden, der den Anschein erwecken könnte, wir würden Reiche und Mächtige privilegiert, vorrangig oder bevorzugt behandeln (z. B. bei Gottesdiensten und bei gesellschaftlichen Zusammenkünften, als Gäste oder Gastgeber, vgl. Lukas 13,12–14; Erster Korintherbrief 9,14–19).

7. Ebenso werden wir es vermeiden, irgendjemandes Eitelkeit zu schmeicheln oder ihr gar Vorschub zu leisten, wenn es darum geht, für Spenden zu danken, um Spenden zu bitten oder aus irgendeinem anderen Grund. Wir werden unsere Gläubigen darum bitten, die Gabe ihrer Spenden als üblichen Bestandteil ihres Mitwirkens in Gottesdienst, Apostolat und sozialer Tätigkeit anzusehen (vgl. Matthäus 6,2–4; Lukas 15,9–13; Zweiter Korintherbrief 12,4).

8. *Für den apostolisch-pastoralen Dienst an den wirtschaftlich Bedrängten, Benachteiligten oder Unterentwickelten werden wir alles zur Verfügung stellen, was notwendig ist an Zeit, Gedanken und Überlegungen, Mitempfinden oder materiellen Mitteln, ohne dadurch anderen Menschen und Gruppen in der Diözese zu schaden. Alle Laien, Ordensleute, Diakone und Priester, die der Herr dazu ruft, ihr Leben und ihre Arbeit mit den Armgehaltenen und Arbeitern zu teilen und so das Evangelium zu verkünden, werden wir unterstützen (vgl. Lukas 4,18f.; Markus 6,4; Matthäus 11,45; Apostelgeschichte 18,3–4; 20,33).*

9. *Im Bewusstsein der Verpflichtung zu Gerechtigkeit und Liebe sowie ihres Zusammenhangs werden wir darangehen, die Werke der „Wohltätigkeit" in soziale Werke umzuwandeln, die sich auf Gerechtigkeit und Liebe gründen und alle Frauen und Männer gleichermaßen im Blick haben. Damit wollen wir den zuständigen staatlichen Stellen einen bescheidenen Dienst erweisen (vgl. Matthäus 25,31–46; Lukas 13,12–14).*

10. *Wir werden alles dafür tun, dass die Verantwortlichen unserer Regierung und unserer öffentlichen Dienste solche Gesetze, Strukturen und gesellschaftliche Institutionen schaffen und wirksam werden lassen, die für Gerechtigkeit, Gleichheit und gesamtmenschliche harmonische Entwicklung jedes Menschen und aller Menschen notwendig sind. Dadurch soll eine neue Gesellschaftsordnung entstehen, die der Würde der Menschen- und Gotteskinder entspricht (vgl. Apostelgeschichte 2,44; 4,32–35; 5,4; Zweiter Korintherbrief 8 und 9).*

11. *Weil die Kollegialität der Bischöfe dann dem Evangelium am besten entspricht, wenn sie sich gemeinschaftlich im Dienst an der Mehrheit der Menschen – zwei Drittel der Menschheit – verwirklicht, die körperlich, kulturell und moralisch im Elend*

leben, verpflichten wir uns: Gemeinsam mit den Episkopaten der armen Nationen dringliche Projekte zu verwirklichen, entsprechend unseren Möglichkeiten; auch auf der Ebene der internationalen Organisationen das Evangelium zu bezeugen, wie es Papst Paul VI. vor den Vereinten Nationen getan hat; gemeinsam dafür einzutreten, dass wirtschaftliche und kulturelle Strukturen geschaffen werden, die der verarmten Mehrheit der Menschen einen Ausweg aus dem Elend ermöglichen, statt in einer immer reicher werdenden Welt ganze Nationen verarmen zu lassen.

12. In pastoraler Liebe verpflichten wir uns, das Leben mit unseren Geschwistern in Christus zu teilen, mit allen Priestern, Ordensleuten und Laien, damit unser Amt ein wirklicher Dienst werde. In diesem Sinne werden wir gemeinsam mit ihnen „unser Leben ständig kritisch prüfen", sie als Mitarbeiterinnen und Mitarbeiter verstehen, sodass wir vom Heiligen Geist inspirierte Animateure werden, statt Chefs nach Art dieser Welt zu sein. Wir werden uns darum mühen, menschlich präsent, offen und zugänglich zu werden, und uns allen Menschen gegenüber offen erweisen, gleich welcher Religion sie sein mögen (vgl. Markus 8,34; Apostelgeschichte 6,1–7, Erster Brief an Timotheus, 3,8–10).

13. Nach der Rückkehr in unsere Diözese werden wir unseren Diözesanen diese Verpflichtungen bekannt machen und sie darum bitten, uns durch ihr Verständnis, ihre Mitarbeit und ihr Gebet behilflich zu sein.

Gott helfe uns, unseren Vorsätzen treu zu bleiben.

Amazonien als Modell der Kirche

Amazonien ist ein Modell für diese Kirche der Ausgegrenzten, der Überflüssigen geworden. Darauf hat Papst Franziskus im Juli 2013 in Rio de Janeiro ein besonderes Augenmerk gelegt. Wie Paul VI., der gesagt hat, Christus zeige auf Amazonien, so spricht auch Papst Franziskus jetzt vom Bewährungstest. Das bedeutet, dass die gesamte brasilianische Kirche heute ihren Blick auf Amazonien richten soll. Dort gibt es eine Migrationswelle nach der anderen. Die brasilianische Kirche muss da „mitgehen", sie kann es sich nicht leisten, diese Menschen alleine zu lassen, die auf der Suche nach besseren Lebensbedingungen sind. Präsent und nahe bei den Menschen zu sein ist das Gebot der Stunde.

Als Papst Franziskus im Sommer 2013 zum Weltjugendtreffen nach Rio de Janeiro kam, erwähnte er schon kurz nach seiner Ankunft am 22. Juli Amazonien. Seine Grußadresse an die brasilianische Präsidentin Dilma Rousseff und Vertreterinnen und Vertreter der politischen Szene Brasiliens schloss er mit den Worten: „In diesem Augenblick weiten sich die Arme des Papstes, um die ganze brasilianische Nation in ihrem vielschichtigen menschlichen, kulturellen und religiösen Reichtum zu umarmen. Von Amazonien bis zur Pampa, von den Trockenregionen bis zum tropischen Feuchtgebiet Pantanal, von den kleinen Dörfern bis zu den Metropolen fühle sich keiner von der Zuneigung des Papstes ausgeschlossen."

Jemand könnte argumentieren, dass sich der Papst auf diese Makroregion nur geografisch bezogen habe. Ich bin jedoch der Überzeugung, dass er Amazonien ausdrücklich nennen wollte, denn Amazonien macht mehr als die Hälfte Brasiliens aus. Er hätte ja auch sagen können „Von Chuí bis Oiapoque" (die äußersten geografischen Punkte im Süden und Norden), wie es ansonsten hierzulande der Brauch ist, wenn jemand von ganz Brasilien spricht. Amazonien erregt heute weltweit mehr Aufmerksamkeit als der Karneval in Rio und die brasilianische Fußballnationalmannschaft, die berühmte „Seleção". Und so verbinde ich mit der Umarmung Amazoniens auch den Aufruf an die Präsidentin und die Regierungsmitglieder und selbstverständlich auch an die Jugendlichen: „Geht über die Grenzen des menschlich Möglichen hinaus und gestaltet eine geschwisterliche Welt!"

Die Geschichte der vergangenen Jahrhunderte und die Gegenwart beweisen uns offenkundig, dass viele Menschen in Amazonien über das menschlich Mögliche hinausgegangen sind und immer noch gehen. In positiver, nachahmenswerter, aber auch in negativer, krimineller Hinsicht! Seit Jahrhunderten haben Frauen und Männer in Amazonien Strapazen und Schikanen auf sich genommen, um den Ureinwohnern und später den Siedlern entlang der Flüsse und Straßen hilfreich zur Seite zu stehen und für sie und mit ihnen gegen Unterdrückung und Diskriminierung anzukämpfen. Frauen und Männer gingen über die „Grenzen des menschlich Möglichen" hinaus, bis zum Äußersten, wie es in der Einleitung zur Fußwaschung im Johannesevangelium (Joh 13,1) heißt, und wurden deshalb verfolgt, des Landes verwiesen und schreckten nicht einmal davor zurück, ihren Einsatz mit dem eigenen Blut zu bezahlen.

Wer denkt da nicht an die Grundsatzrede über die Aufgabe der Kirche, die Kardinal Jorge Mario Bergoglio wenige Tage vor seiner Wahl zum Papst am 13. März 2013 im Vorkonklave vor den bereits in Rom versammelten Kardinälen gehalten hat? Er forderte die Kirche auf, „aus sich selbst herauszugehen, um so die Peripherie zu erreichen – und zwar nicht nur die geografische, sondern die existenzielle". In Amazonien geht die Kirche seit Jahrhunderten an die geografische, viel mehr aber noch an die existenzielle Peripherie.

Es gab und gibt aber gleichzeitig andere, die auch vor nichts zurückschrecken und über die „Grenzen des menschlich Möglichen" hinauswollen, um Amazonien skrupellos auszubeuten. In ihrer Habgier gehen diese Leute über Leichen. Im Namen von „Entwicklung" und „Fortschritt" verfolgen und ermorden sie Menschen, die ihren Ambitionen im Wege stehen und die Rechte der indigenen Völker und Siedler, die Würde der Frauen und Kinder verteidigen. Das ist der grausame Hintergrund, für den ersten Appell des Papstes an Brasilien, an Kirche und Gesellschaft: „Gestaltet eine geschwisterliche Welt!"

Ein Untertitel seiner Ansprache an die brasilianischen Bischöfe am 27. Juli 2013 in Rio de Janeiro bringt das Thema der gewünschten Geschwisterlichkeit auf den Punkt. Papst Franziskus spricht von Amazonien als Bewährungstest für die brasilianische Kirche und Gesellschaft. Als Bischof am Xingu in Amazonien hat mich natürlich sehr gefreut, dass Franziskus unsere pastorale Arbeit im brasilianischen Urwald direkt angesprochen hat. Er sagte:

„Es gibt einen letzten Punkt, auf den ich näher eingehen möchte und den ich als bedeutend ansehe für den augenblicklichen wie den zukünftigen Weg nicht nur der Kirche in Brasilien, sondern auch für das gesamte gesellschaftliche Gefüge: Amazonien. Die Kirche ist in Amazonien nicht wie jemand, der die Koffer in der Hand hat, um abzureisen, nachdem er alles ausgebeutet hat, was er konnte. Von Anfang an ist die Kirche in Amazonien mit Missionaren und Ordenskongregationen, Priestern, Laien und Bischöfen zugegen, und immer noch ist sie anwesend und bestimmend für die Zukunft des Gebietes. Ich denke an die Aufnahme, welche die Kirche in Amazonien heute den haitischen Einwanderern nach dem schrecklichen Erdbeben gewährt, das ihr Land verwüstet hat. Ich möchte alle einladen, über das nachzudenken, was Aparecida über Amazonien gesagt hat, auch über die nachdrückliche Ermahnung zur Achtung und Bewahrung der gesamten Schöpfung, die Gott dem Menschen anvertraut hat, nicht damit er sie ungezügelt ausbeutet, sondern damit er sie zu einem Garten macht. In der pastoralen Herausforderung, die Amazonien darstellt, kann ich nur

danken für das, was die Kirche in Brasilien tut: Die 1997 geschaf-
fene Bischofskommission für Amazonien hat bereits reiche Frucht
gebracht, und viele Diözesen haben schnell und großherzig auf die
Bitte um Solidarität geantwortet, indem sie Laien und Priester als
Missionare entsandt haben.

Ich danke Bischof Jayme Chemello, dem Pionier dieser Arbeit,
und Kardinal Hummes, dem augenblicklichen Präsidenten der
Kommission. Doch ich möchte hinzufügen, dass das Werk der
Kirche weiter gefördert und lanciert werden muss. Es werden qua-
lifizierte Ausbilder gebraucht, vor allem geistliche Begleiter und
Theologieprofessoren, um die auf dem Gebiet der Ausbildung ei-
nes einheimischen Klerus erzielten Ergebnisse zu festigen, auch um
Priester zu haben, die für die örtlichen Bedingungen geeignet sind,
und sozusagen das ‚amazonische Gesicht‘ der Kirche zu stärken.
Für dieses Anliegen bitte ich euch, mutig zu sein, parrhesia – Frei-
mut – zu haben! In der Mundart ‚porteño‘ von Buenos Aires wür-
de ich euch sagen, seid corajudos – unerschrocken.“

Besonders aufschlussreich war das Interview, das der Papst dem Fern-
sehsender TV Globo gegeben hat. Als der Reporter fragte, was er zu
den Statistiken sage, die ein Zunehmen der Evangelikalen und Ab-
nehmen der Katholiken in der brasilianischen Bevölkerung aufzeig-
ten, wies der Papst auf die unzureichende „Präsenz" der katholischen
Kirche in bestimmten Regionen hin und sagte, dass wir zwar viele
Dokumente verfassten, aber zu wenig vor Ort seien. Papst Franziskus vergleicht die Kirche mit einer Mutter. Eine Mutter beweise ihren
Kindern ihre mütterliche Liebe nicht nur durch Briefe und Erklärungen. Nein, sie sei da durch ihre fühlbare Gegenwart. Sie habe Zeit
für ihre Kinder, „sie ist zärtlich mit ihnen, herzt sie, küsst sie, liebt
sie. Wenn die Kirche mit tausend Dingen beschäftigt ist, diese Nähe
verliert und nur über Dokumente mit den Menschen in Kontakt tritt,
dann ist sie wie eine Mutter, die ihrem Kind nur Briefe schreibt."

Für Amazonien ist dieser Vergleich von besonderer Bedeutung. Amazonien ist Ziel einer scheinbar unaufhörlichen innerbrasilianischen Migration. Die Kirche ist aber noch weit davon entfernt, tatsächlich „gegenwärtig" zu sein, um entwurzelten Menschen Heimat zu bieten. Dieses Bild von der Mutter, die da ist und nicht nur Briefe schreibt, ist ein gezielter Appell an die gesamte Kirche in Brasilien, den Schrei Amazoniens zu hören und tatsächlich ihre Verantwortung für Amazonien wahrzunehmen. Wenn tausende Familien nach Amazonien ziehen, können Priester und Ordensleute nicht daheim bleiben und ihren Mitmenschen nur eine gute Reise wünschen. Besser situierte Diözesen in anderen Regionen Brasiliens sind verpflichtet, den Menschen in Amazonien tatkräftig zu helfen, nicht durch wohlmeinende pastorale Erklärungen, sondern in liebender Solidarität durch die Präsenz von Priestern, Ordensleuten und Laien, die sich den Diözesen in Amazonien bedingungslos und, im schlichten Stil von Papst Franziskus, anspruchslos, bescheiden und selbstlos zur Verfügung stellen.

Der Weltjugendtag war für Papst Franziskus auch eine Gelegenheit, sich mit der Realität der indigenen Völker auseinanderzusetzen. Wenn er auch keine spezifischen Erklärungen dazu abgegeben hat, so war es doch eine ergreifende Szene, als der Papst die Pataxó aus Bahia, Frauen und Männer, liebevoll umarmte und ihren Federschmuck aufsetzte. Vertreter der indigenen Völker übergaben dem Papst auch schriftlich abgefasste Berichte über ihre Situation, ihre Probleme und ihre Hoffnung auf eine bessere Zukunft, in der sie in ihren Rechten und ihrer Würde respektiert werden. Levi Xerente, einer der Indigenas, die den Papst begrüßten, sagte: „Wir hoffen, dass er uns hilft, die Regierung zu überzeugen, damit sie auf alle Großprojekte und staatlichen Bauvorhaben (in indigenen Gebieten) verzichtet."

Papst Franziskus hat beim Abschied am Fenster des Hubschraubers mit seinen Fingern ein Herz geformt. Es wird weiter für Brasilien und Amazonien schlagen.

10. Das neue Gesicht der „katholischen" Kirche

Der mühsame Abschied vom europäischen Kleid

In Hinsicht auf das Verhältnis der Kirche zu den indigenen Völkern und zu den Afroamerikanern, ihren Kulturen und religiösen Überzeugungen, wollte die Lateinamerikanische Bischofsversammlung im Februar 1979 in Puebla, Mexiko, mit dem Zweiten Vatikanischen Konzil und dem Apostolischen Schreiben *Evangelii Nuntiandi* konform gehen. Tatsächlich konnten sich die Bischöfe bei dieser Konferenz aber nicht von den historisch gewachsenen Vorurteilen gegenüber deren Kultur und Religion trennen. Im Gegenteil, sie versuchten sie zu rechtfertigen, ja sie haben diese Vorurteile dort und da sogar vertieft.

Wenn auch die Stellungnahmen zur Realität Lateinamerikas, zur befreienden Dimension des Evangeliums, zu den Basisgemeinden und zur Option für die Armen richtungweisend waren, erzielte Puebla leider keinen Fortschritt im Hinblick auf die Inkulturation des Evangeliums und den religiösen Dialog. Das Wort Inkulturation findet sich kein einziges Mal im Text und scheint weiterhin tabu gewesen zu sein. Ebenso dachte scheinbar niemand an einen religiösen Dialog mit Indios als Nicht-Christen und mit den Afroamerikanern, die ihre religiösen Traditionen seit Jahrhunderten pflegen.

Seit dem Dekret über die Ökumene *Unitatis Redintegratio* und der Erklärung über die Religionsfreiheit *Dignitatis Humanae* des Zweiten Vatikanischen Konzils besteht unter den meisten Bischöfen kein Zweifel mehr über die Wichtigkeit und die Legitimität eines Dialogs mit den großen Weltreligionen und den verschiedenen christlichen Glaubensbekenntnissen. In der Geschichte der katholischen Kirche in Lateinamerika waren jedoch die Gotteserfahrung und die religiöse Praxis, die Riten und die Mythen der indigenen Völker und der Afroamerikaner nie ein Thema. Die Missionare der Kolonialzeit waren überzeugt, die Religionen der Indios seien Aberglaube, Götzendienst oder Teufelskult. Die Katechese verfolgte deshalb nur ein Ziel: das Christentum einzupflanzen und auszubreiten. Die Afroamerikaner trifft die Anklage des Synkretismus. Dass sie nämlich die von den Vorfahren aus Afrika mitgebrachten heidnischen Religionen weiterhin praktizierten, sie lediglich mit christlichem Brauchtum verbrämten. Sie würden den alten Gottheiten anhängen und diese nur in das Gewand christlicher Heiliger hüllen.

Im Vatikan wurden die religiösen Belange der indigenen Völker einer „Abteilung für Mission" zugewiesen. Es gab bisher aus der Sicht der katholischen Kirche keine Alternative für die indigenen Völker, als den katholischen Glauben im europäischen Gewand anzunehmen. Paul VI. wollte in *Evangelii Nuntiandi* die Schlussfolgerungen der Bischofssynode von 1974 zum Thema Evangelisierung berücksichtigen. Der Papst blieb aber deutlich hinter dem Anspruch eines interreligiösen Dialogs mit den Religionen in Afrika, Asien und Lateinamerika zurück.

Die Bischöfe aus Asien und Afrika wollten schon damals mehr als nur eine Berücksichtigung asiatischer oder afrikanischer Kulturelemente in der lateinischen Kirche und eine „Anpassung an die verschiedenen Gemeinschaften, Gegenden und Völker" (SC 38). Sie forderten eine Inkulturation und Inkarnation, eine kulturelle Einbindung und „Fleischwerdung" des Evangeliums in die gesellschaftliche und kulturelle Realität ihrer Länder. Die Bischöfe lehnten die Entfremdung der heimischen Traditionen und Kulturen ab und verurteilten die verschiedenen Formen eines „religiösen Kolonialismus". Kardinal Joseph Malula, Erzbischof von Kinshasa im damaligen Zaïre und Mitglied der vatikanischen Kongregation für die Evangelisierung der Völker, formulierte die Anliegen der Kirche Afrikas damals mit den Worten: „Die Europäer haben uns das Christentum gebracht – es liegt nun an uns, das Christentum zu afrikanisieren." In der pluralistischen Welt, in der wir leben, gibt es keinen Platz für religiösen Kolonialismus und proselytische Aufnötigung einer Doktrin. Gegen alle fundamentalistischen Tendenzen will Inkarnation, Fleischwerdung der christlichen Botschaft, einen existenziellen Dialog zwischen den Kulturen und Bereitschaft zu respektvollem Miteinandersein. Was in Medellín und Puebla vergessen oder nur angedeutet wurde, wurde teilweise in der Vorbereitung auf die Lateinamerikanische Bischofsversammlung von 1992 in Santo Domingo nachgeholt.

Gerade das Bedenkjahr 1992 sollte für die Kirche Lateinamerikas und die Weltkirche ein Anlass werden, die Geschichte der vergangenen 500 Jahre mit dem notwendigen Mut zur Wahrheit aufzuarbeiten, aus Fehlern zu lernen und inspiriert vom Geist Gottes beharrlich neue Wege einzuschlagen. Die Berücksichtigung der ethnischen Vielfalt und der Achtung vor dem kulturellen Anderssein, die Sorge um die Mitwelt als Teil der Schöpfung, Inkulturation und religiöser Dialog sind Akzente, die während der Vorbereitung auf diese Versammlung immer wieder gesetzt wurden und im letzten Arbeitspapier größtenteils Berücksichtigung fanden.

Es ging zunächst darum, das kulturelle Denken und Handeln dieser Völker verstehen zu lernen. Wir sind aufgefordert, der Weltanschauung der Indios mit Respekt zu begegnen, ihre Erwartungen ernst zu nehmen und in Demut mitzuarbeiten, damit der Heilsplan des Vaters Wirklichkeit werde, dessen historische Träger die Indios selbst sind. Die Kommission 26 von Santo Domingo, deren Mitglied ich war, beschäftigte sich mit den Kulturen der Indios, Afroamerikaner und Mestizen. Die Kommission machte unter anderem folgende Vorschläge von Verpflichtungen, welche die Kirche Lateinamerikas übernehmen sollte:

- „Wir wollen das Evangelium Jesu durch das Zeugnis einer bescheidenen, verständnisvollen und prophetischen Haltung anbieten.

- Wir wollen eine wirkliche Inkulturation ihrer Liturgie fördern, indem wir ihre Symbole, Riten und religiösen Ausdrucksformen sowie ihre sozialen und gemeinschaftlichen Strukturen mit Achtung aufnehmen und berücksichtigen, und dabei auf jede Art von Ethnozentrismus, pastoralen Kolonialismus und Rassendiskriminierung verzichten."

Unser Arbeitspapier wollte ganz klar sagen, dass die Inkulturation des Evangeliums von dem ausgehen muss, was bereits da ist. In Rom hat man aber einen ganz anderen Standpunkt vertreten. Inkulturation wurde dort so verstanden, dass die jeweilige Kultur vom Evangelium her verändert werden müsse. „Die Kultur evangelisieren", war das römische Ziel. Wir haben dagegen gesagt, es gehe um die Evangelisierung „desde las culturas", von den jeweiligen Kulturen ausgehend. Daher hat es große Differenzen und Schwierigkeiten zwischen unserem Ansatz und den Vorgaben aus dem Vatikan gegeben.

Von der Vorgangsweise her wurde uns in Santo Domingo auferlegt, dass die Bischöfe selbst das Dokument ausarbeiten müssten und nicht die Theologen – obwohl wir uns doch gut daran erinnern, dass die Bischöfe beim Zweiten Vatikanischen Konzil in Rom auch ihre Theologen an der Hand gehabt und sich laufend mit ihnen beraten haben. Ich kann als Bischof dann immer noch einen Vorschlag akzeptieren oder auch nicht, unterschreiben oder auch nicht.

Der Hintergrund dieser Konflikte war, dass die Bischofsversammlung von 1992 in einer Zeit stattgefunden hat, in der Rom bereits ein besonderes Augenmerk auf die Kirche in Lateinamerika im Allgemeinen und auf lateinamerikanische Theologen im Besonderen gelegt hatte. Vieles, wo wir noch einen Schritt weiter hätten gehen können, wurde abgebremst. Gerettet hat das Dokument damals

Erzbischof Luciano Mendes de Almeida von Mariana. Der Jesuit war von 1987 bis 1995 Vorsitzender der Brasilianischen Bischofskonferenz und gehörte zu den profiliertesten Persönlichkeiten der Kirche des Landes. Während der Militärdiktatur (1964–1985) war er einer der schärfsten Kritiker von Folter und willkürlichen Verhaftungen gewesen. Ab 1984 setzte er sich in einer wöchentlichen Zeitungskolumne gegen die Korruption und für radikale soziale Reformen im Land ein.

Rom wollte das Dokument der Bischofsversammlung ganz im Sinne der „Evangelisierung der Kulturen" formuliert haben. Aber Dom Luciano hat Einspruch erhoben: So nicht! Mir hat es trotzdem sehr wehgetan, dass unsere grundsätzliche Sichtweise der Evangelisierung „desde las culturas" faktisch umgedreht wurde. Anstatt einer Evangelisierung von unten, von dem ausgehend, was bei den indigenen Völkern da ist – getreu dem Grundsatz von Joseph Cardijn „Sehen – urteilen – handeln" –, sollte es eine Evangelisierung von oben geben. Die Völker sollten das Evangelium ausgehend von der Lehre der Kirche und weitestgehend in ihrem europäischen Kleid annehmen. Der Text, den wir vorgelegt hatten, wurde dadurch beinahe in sein Gegenteil verkehrt. Papst Johannes Paul II. hat diese Sichtweise dann immer wiederholt: Es gehe um die Evangelisierung der Kulturen.

Die Folge war, dass das Dokument von Santo Domingo in unseren Gemeinden nie die Resonanz bekommen hat wie jenes von Puebla. Soweit wir es damals erkennen konnten, war Kardinal Darío Castrillón Hoyos die treibende Kraft hinter dem römischen Standpunkt der „Evangelisierung von oben". Er war von 1987 bis 1991 Präsident des Lateinamerikanischen Bischofsrats CELAM. 1996 ernannte ihn Papst Johannes Paul II. zum Leiter der Kongregation für den Klerus. 1998 wurde er in das Kardinalskollegium aufgenommen und zum Präfekten der Kongregation für den Klerus ernannt. Im April 2000 übernahm er die Leitung der Päpstlichen Kommission Ecclesia Dei. Er hat sich dafür eingesetzt, dass der

Papst die Exkommunikation der Piusbrüder zurücknimmt – ohne den Papst zu informieren, dass Bischof Richard Williamson in einem TV-Interview den Holocaust geleugnet hatte.

Leider stand also unser Text im Schlussdokument abgeändert und mit Zusätzen versehen, die plötzlich wieder eine reservierte Haltung den indigenen Kulturen gegenüber bekundeten. Es wird von Symbolen gesprochen, die mit der „christlichen Doktrin vereinbar sind", von „authentischen" kulturellen Werten, von „Symbolen und religiösen Ausdrucksformen, die mit dem klaren Glaubenssinn konform gehen, unter Beibehaltung der universellen Symbole in Harmonie mit der allgemeinen Disziplin der Kirche" (DSD 248). Dieser Zusatz ließ selbstverständlich die Formulierung, „auf jede Art von Ethnozentrismus und pastoralen Kolonialismus zu verzichten", nicht zu. Sie wurde aus dem Text gestrichen.

Die indigenen Völker sind keine „Tabula rasa"

Die sogenannte „allgemeine Disziplin der Kirche" ist nach wie vor vom abendländischen Kirchen- und Glaubensmodell geprägt und zeigte im Laufe der letzten fünf Jahrhunderte wenig Verständnis für Kirchen- und Glaubensmodelle, die das kulturelle Anderssein von Völkern mit einbeziehen, es sei denn in geringfügigen Anpassungen der liturgischen Texte und in verschiedenen Nebensächlichkeiten. Aber die Menschen und Völker, denen wir die „Liebe Gottes verkünden und mitteilen" wollen, befinden sich nicht in einem isolierten Raum, sie sind keine „Tabula rasa".

Wenn wir von „Evangelisierung der Kulturen" sprechen, vergessen wir oft, dass wir einem bestimmten Kulturkreis angehören, der sich zudem seit Jahrhunderten dominierend über andere erhebt. Wer gibt uns aber das Recht, von unserer Kultur ausgehend andere Kulturen zu evangelisieren? Das Lateinamerika der indigenen Völker mit ihren eigenen, differenzierten Kulturen ist nicht Europa. Es ist nicht im Sinn des Evangeliums, Völker, die sozial ausgegrenzt sind, auch noch kulturell zu unterdrücken.

Die Problematik der Inkulturation ist nicht theologischer, sondern praktischer Art. Es wird noch seine Zeit brauchen, bis allen in Lateinamerika bewusst wird, dass wir trotz der Option für die Armen immer noch der seit Jahrhunderten dominierenden Kultur verhaftet sind. Es handelt sich dabei nicht einmal um ein spezifisches Problem der indigenen Pastoral. Es ist ein Problem der gesamten Kirche. Und Santo Domingo hat die historische Chance verpasst, mutig neue Wege einzuschlagen, mit dem Abbau anachronistischer Strukturen zu beginnen und die jahrhundertealten kulturellen Ausformungen anderer Völker als Substrat der Frohen Botschaft zu respektieren.

Warum soll es in der einen, heiligen, katholischen und apostolischen Kirche nicht Gemeinden geben, die aztekisch-katholisch, maya-katholisch, guarani-katholisch, mapuche-katholisch, kayapó-katholisch oder afroamerikanisch-katholisch sind, um nur einige dieser Völker und Kulturen anzuführen. Erst wenn das möglich wird, hat unsere Kirche die „Option für die Armen" tatsächlich zur „Option für die kulturell Anderen" erweitert und legt Zeugnis ab, dass sie wirklich nur dieses eine will: „Unter Führung des Geistes, des Trösters, das Werk von Christus weiterzuführen."

In der Bibel heißt es, gehet hin und lehret alle Völker. Aber wenn ich jemanden etwas lehren will – ich habe ja in Salzburg Pädagogik studiert –, muss ich von dem ausgehen, was in ihm schon da ist. Das lateinische „educare" heißt nichts anderes als das herausholen, was schon drinnen ist. Kein einziges Kind ist, wenn es in die Schule kommt, eine Tabula rasa; jedes bringt seinen ganz persönlichen familiären, sozialen, gesellschaftlichen und kulturellen Hintergrund mit. Erst recht muss ich erwachsene Menschen dort abholen, wo sie sind. Die sind erst recht keine Tabula rasa.

Der Gedanke, dass wir die indigenen Völker zivilisieren müssten, heißt, man hat ihnen nicht zugestanden, dass sie bereits auf ihre je eigene Art eine Gotteserfahrung haben. Man hat gemeint, Gott sei Dank sind wir Missionare jetzt da, und wir bringen euch den richtigen Glauben bei. Man hatte gemeint, die indigenen Völker hätten überhaupt keine Vorstellung von Gott oder sie seien in ihren negativen Kulten verhaftet, in teils grausamen Riten.

Nach meiner Erfahrung gibt es kein indigenes Volk, das absolut keine Idee von Transzendenz hätte. Die Leute erzählen auch Geschichten, die teils sehr stark an das Alte Testament erinnern. Die Kayapó erzählen, ganz früher sei alles wunderbar gewesen, die Menschen hätten sich verstanden, sie hätten einander geliebt. Aber eines Tages habe sich einer gegen den anderen erhoben und habe ihn erschlagen. Daraufhin sei der gute Geist den großen, geheimnisvollen Fluss hinuntergewandert und sei nie wiedergekommen. Das erinnert doch auf dem Hintergrund der Bibel sehr stark an die Erzählung von Kain und Abel. Ich kann in der Verkündigung bei solchen Erzählungen ansetzen. Ich kann vom Evangelium her sagen: Doch, er ist wiedergekommen; es hat lange gedauert, aber er ist in Jesus wiedergekommen.

Von der Religionspädagogik her ist es ein Unsinn, den Menschen in Amazonien das christliche Weltbild überzustülpen. Das ist ein seelsorgliches Prinzip, das überall gilt, auch in Österreich. Ich muss die Leute dort abholen, wo sie sind, die Kinder, die Jugendlichen, die Erwachsenen. Ursprünglich haben die Missionare die Kayapó getauft. Sie haben die Messe zelebriert, obwohl die Leute davon absolut nichts verstanden haben. Aber die Missionare hatten gemeint, das sei eben das Mysterium, das Geheimnisvolle der Messfeier. Heute sind wir viel zurückhaltender. Selbstverständlich freuen wir uns, wenn ein Kayapó sagt, er möchte Christ werden. Aber das ist seine Entscheidung.

Ich wünsche mir eine kayapó-katholische Kirche

Was ich mir wünsche, ist, dass es in nicht allzu ferner Zukunft eine kayapó-katholische Kirche gibt. Die Kulturen dieser Menschen wurden als Subkulturen abgetan und ihre Religiosität ist als Naturreligion abgewertet worden. Aber das ist natürlich grundfalsch. Wir müssen mit diesen kulturellen und religiösen Traditionen genauso in einen Dialog eintreten, wie wir vom Dialog mit den großen Weltreligionen sprechen. Ihre religiösen Ausdrucksformen, die Art und Weise, wie sie mit der Transzendenz umgehen und darauf zugehen, ist zu respektieren. Wir können da nicht einfach mit der Mission drüberfahren.

Kayapó-katholisch würde für mich heißen, dass wir vor allem in der Liturgie das berücksichtigen, was bei den Kayapó da ist. Ich weiß von den Kleinen Schwestern des Charles de Foucauld, dass sie nie im engeren Sinne eine Katechese gemacht haben. Sie haben mit dem Volk der Assurini zusammengelebt, und wenn man in ein solches Dorf gekommen ist, dann hat man zunächst überhaupt nicht unterscheiden können, welches das Haus dieser Schwestern ist. Der einzige Unterschied war, dass sie in ihrem Haus eine Ecke eingerichtet hatten, in der sie in einer Kokosnussschale die Eucharistie aufbewahrten. Sie haben auch ihr Kreuz getragen, und wenn die Indios gefragt haben, haben sie ihnen erklärt, was das bedeutet.

Für die Evangelisierung ist es nicht notwendig, dass wir mit den indigenen Völkern in Amazonien die Liturgie eins zu eins so feiern, wie sie im Petersdom in Rom gefeiert wird. Ich kann mich gut erinnern an die Amerika-Synode im Jahr 1997 in Rom. Dort hat man uns gesagt, es sei jetzt ein wichtiger Schritt der Inkulturation gelungen, weil die Bibel in Quechua übersetzt worden sei. Ich habe erwidert, das sei noch lange keine Inkulturation. Erstens müsse man fragen, wer diese Übersetzung gemacht habe und wie übersetzt worden sei. Zweitens sei Inkulturation für mich viel mehr als nur die Bibel zu übersetzen oder das Messbuch und dann die Eucharistie so zu feiern wie in Europa.

Ein Beispiel: Bei den Kayapó gibt es den Wajanga. Das ist ein Mann, der mit dem großen Geist in Verbindung steht, der die Brücke schlägt zwischen den Menschen und diesem Geist. Ich zitiere dazu immer Hebräer 5,1: Jeder Priester wird aus den Menschen ausgewählt und für die Menschen eingesetzt. Der Wajanga versteht sehr viel von Pflanzen, von Rinden, von Wurzeln und von Blättern. Aus denen macht er einen Tee für alle möglichen Krankheiten. Die Leute haben ein großes Vertrauen zu ihm. Wenn irgendetwas passiert, dann geht man zu ihm.

Diese Bezeichnung Wajanga ist auf den katholischen Priester übergegangen: Wajanga Antonio, Wajanga Francisco. Der Priester ist für sie also auch einer, der die Brücke schlägt zur Transzendenz. Für die Bezeichnung dieser Transzendenz haben sie einen Ausdruck, der unserem „Abba", „lieber Vater" oder „gutes Väterchen" entspricht. Das kann aber schon ein früher christlicher Einfluss sein. Interessanterweise sind Pastoren von Freikirchen nie als Wajanga bezeichnet worden. Diese Zuordnung haben die Kayapó den katholischen Priestern vorbehalten. Mich selbst haben sie zum großen Kaziken der christlichen Wajanga ernannt.

Wir haben in Brasilien auch viele indigene Völker, die schon lange christlich sind. Sie pflegen aber trotzdem auch ihre eigenen Kulte und Riten. Die Kayapó beispielsweise führen sehr früh am Morgen, etwa um vier Uhr, auf dem Dorfplatz einen kultischen Tanz auf. Ich bin, als ich einmal bei ihnen war, aufgestanden und hingegangen, da haben sie mich sofort mit hineingenommen und mir die Schritte gezeigt und ich habe mitgetanzt. Das geht einem sehr nahe. Sie singen dazu. Dieser Gesang geht am Ende in einen Bariton oder Bass über, der dir in alle Glieder fährt. Das ist sehr berührend. Die Frauen kommen dann bei Sonnenaufgang dazu und gehen paarweise rund um den Dorfplatz mit für unsere Ohren schrillem Gesang. Früher hat man gesagt, Christen dürfen an diesen Riten nicht teilnehmen. So wie man ihnen auch die Haare geschnitten hat, wenn sie getauft wurden. Heute haben wir dazu eine viel offenere Einstellung, auch zur Nacktheit dieser Menschen, die eine ganz andere Bedeutung hat als bei uns.

Ich erinnere mich an die Assurini. Die waren so stark bemalt, dass ihre Nacktheit dadurch beinahe verdeckt war. Das war ihre ganz natürliche Art und Weise, nackt zu sein. Man hatte aus der Distanz tatsächlich den Eindruck, als wären sie angezogen. Im Vergleich dazu ist eine Frau am Strand im Bikini viel nackter, viel weniger bekleidet. Es ist auch auffallend, dass bei diesen indigenen Völkern die Männer die Frauen nicht mit ihren Blicken fixieren. Daher werden die Frauen auch sehr rabiat, wenn Touristen daherkommen und Fotos machen wollen. So direkt schaut man eine Frau nicht an, das gehört sich nicht.

Es geht also, wenn wir von Evangelisierung reden, um einen geschwisterlichen Dialog und um die Achtung des religiösen Empfindens, das bei den Indios da war und da ist, lange bevor die katholischen Missionare gekommen sind. Die Kirche hat die indigenen Religionen als wahre Formen der Gotteserfahrung zu akzeptieren und zu schätzen. Sie soll mit diesen Religionen in einen authentischen Dialog treten. Die Ursprünge der Religionen der Indios reichen Jahrtausende zurück. Sie sind heilsträchtig in ihren kulturellen und historischen Ausdrucksweisen und gleichzeitig Achse und Quelle der Identität und des Widerstandes dieser Völker.

Das religiöse Leben der Indios bezeugt die Authentizität ihrer Gotteserfahrung, der zutiefst empfundenen Harmonie mit der Mitwelt, den Mitmenschen und dem Heiligen, der Transzendenz. Religion, tiefster Ausdruck und Kern einer Kultur, ist für die indigenen Völker eine Frage ihrer Identität und eine Hoffnung für ihre Zukunft. Religion verbindet, umfasst, vereint und gibt letzten Sinn: der familiären Struktur, dem Gemeinschaftsleben, der Erziehung, der wirtschaftlichen Organisation und dem politischen System.

Die in ihrem ureigenen Wesen religiösen indigenen Völker bringen ihren Glauben in Riten, Gesängen und Tänzen zum Ausdruck. Feste, als religiöser Ort und Moment, sind Höhepunkt ihres Gemeinschaftslebens. Es ist die Mutter-Erde, mit der die Indio-Gemeinschaft verwurzelt lebt. Von daher kommen auch die meisten ihrer Mythen und Riten. Es handelt sich mehr um eine religiöse Erfahrung, um eine Spiritualität, als um ein systematisch ausgearbeitetes theologisches Gebäude. Sollte es einmal zu einer theologischen Systematisierung kommen, dann ist das selbstverständlich Angelegenheit der Indios selbst.

In diesem Sinne haben wir in Santo Domingo einen ehrlichen und geschwisterlichen Dialog vorgeschlagen und uns verpflichtet, die theologische Reflexion der indigenen Völker, Afroamerikaner und Mestizen sowie „ihre kulturellen Ausformungen zu respektieren, die ihnen helfen, Zeugnis ihres Glaubens und ihrer Hoffnung zu geben". Als Ideal streben wir weltweit autochthone Kirchen mit eigenem Gesicht und Herzen an, mit Hirten und Hirtinnen, die im jeweiligen Kulturkreis aufgewachsen, von ihm geprägt und ihm verpflichtet sind. Es wird ein neues Pfingsten sein, wenn Gemeinschaften erblühen, die durch das Band der Liebe mit der Kirche „kat' hólon", auf der ganzen Welt, verbunden sind – und die dennoch Gott in ihren Sprachen loben und preisen und den Menschen, ihren Geschwistern, das Ja Gottes zum Leben mit indigenen, afroamerikanischen und mestizischen Ausdrucksweisen, Gebräuchen, Riten und Symbolen verkünden können: „Der Herr ist wirklich auferstanden." (Lk 24,34)

Eine Kirche, die nicht „Kulturen evangelisiert", sondern die Frohe Botschaft des Lebens und der Liebe, der Gerechtigkeit und des Friedens, der Befreiung zur Freiheit der Kinder Gottes „in und von den Kulturen aller Völker der Erde ausgehend" verkündet, in denen Gott seit Anbeginn gegenwärtig ist, wird der Welt ein neues Licht erstrahlen lassen. Dieses Licht wird neue Kraft und Hoffnung bringen und wird Zeichen des „Reiches Gottes" unter den Menschen aller Sprachen, Rassen, Völker und Nationen sein, des „Reiches Gottes", das bei den Gekreuzigten der Geschichte beginnt und die Welt zu neuem Leben erweckt.

11. Das neue Gesicht der Gemeinde-Kirche

Unsere 800 Basisgemeinden – eine besondere Gnade

Noch in den 1960er Jahren gab es die „desobrigas" am Xingu, die Missionsreisen bis in die letzten Winkel des Bistums. Wir reisten flussaufwärts, flussabwärts und blieben da und dort für ein paar Tage. Aber es gab keine Gemeinden im eigentlichen Sinn. Anfang der 1970er Jahre kam dann die kopernikanische Wende in der pastoralen Arbeit. Angestoßen durch die Versammlung der Bischöfe Amazoniens 1972 in Santarém, entstanden im Laufe der Jahre 800 kleine Gemeinden am Xingu. Mehrheitlich werden sie noch heute von Frauen geleitet. Da lebt die Kirche. Es ist einer unserer wichtigsten Erfolge, dass es uns gelungen ist, die Leute in diesen Basisgemeinden zusammenzuführen. Einzelne Familien, die oft weitab von einem Ballungszentrum leben und auf sich allein angewiesen sind, fahren mit Motorbooten oder rudern stundenlang zum Gemeindezentrum. Andere steigen auf die Ladefläche eines Lastwagens oder gehen stundenlang zu Fuß zum sonntäglichen Wortgottesdienst.

Wenn ich diese Freude erlebe, diese Herzlichkeit, dieses aufeinander Zugehen, habe ich jedes Mal ein Hochgefühl. Da wirst du richtig high. Klar gibt es auch Probleme, schwierige Zeiten, aber die Leute sagen, wir gehören zu dieser Gemeinde, wir gehören zusammen. Das ist für mich jedes Mal ein Erlebnis. Wenn man es theologisch sagen möchte: Da ist aus Einzelnen das Volk Gottes geworden, da lebt das pilgernde Volk Gottes und ist gemeinsam unterwegs.

Bei der Bischofsversammlung von Aparecida im Jahr 2007 wurde diese einzigartige Qualität der Basisgemeinden noch einmal anerkannt und festgeschrieben. Schon Paul VI. hatte in seinem Apostolischen Schreiben *Evangelii Nuntiandi* lobend auf die Basisgemeinden hingewiesen (EN 58). Aparecida hat bis heute eine große Resonanz. Selbstverständlich ist auch das Dokument von Aparecida eine Synopse unterschiedlicher Ausgangspunkte – wie das Konzil es ja auch war. Es gibt zwar keine direkten Widersprüche, aber man ist immer wieder der anderen Seite entgegengekommen.

Bemerkenswert war, dass es in Aparecida tatsächlich Strömungen gegeben hat, die Basisgemeinden fallen zu lassen. Aber der liebe Gott schreibt oft auch auf krummen Zeilen gerade. Denn an der Spitze dieser Bewegung stand Kardinal Alfonso López Trujillo (1935–2008). Er war zunächst Erzbischof von Medellín, erhielt 1983 die Kardinalswürde und war seit 1990 Präsident des Päpstlichen Rates für die Familien. Während der Konferenz von Aparecida ist er plötzlich erkrankt. Erst an den Abschlusssitzungen konnte er wieder teilnehmen. Und da war die Geschichte längst gelaufen – zugunsten der Basisgemeinden.

Ich habe selbst am Entwurf mitgearbeitet. Der Vorschlag ist dann zwar nicht wörtlich in das Schlussdokument eingegangen, nicht in unserem Stil und nach unserer Idee, aber die Basisgemeinden werden nach wie vor als eine besondere Gnade für Lateinamerika angesehen, als Ort, wo der Glaube lebt und die Menschen ihren Glauben bezeugen. Das, was wir noch mehr hätten herausstreichen wollen, ist im Kielwasser von Aparecida in die Schlussdokumente der regionalen Konferenzen der Bischöfe von Amazonien eingeflossen. In Manaus im September desselben Jahres und dann 2012 in Santarém.

Es ist für mich undenkbar, dass man die Entwicklung der kleinen kirchlichen Basisgemeinden nicht anerkennt. Ich würde sogar sagen, es gäbe keine Kirche an der Basis in Amazonien ohne diese Gemeinden. Einwände kommen meistens von Leuten, die die Basisgemeinden gar nicht kennen. Der Vorwurf lautet vor allem, dass sie sich zu sehr an der Befreiungstheologie ausrichteten. Aber die Befreiungstheologie ist in Europa völlig missverstanden worden. Man hat sie als marxistisch verbrämte, ideologisierte Pseudotheologie abgekanzelt. Ich lebe vor Ort und habe noch nie in einer dieser kleinen Gemeinden auch nur im Entferntesten gespürt, dass da marxistische Ideen im Umlauf seien, oder atheistische oder ich weiß nicht was sonst noch.

Der befreiungstheologische Ansatz in den kleinen Gemeinden ist, dass die Menschen spüren und erfahren, dass Gott nicht ein Gott in weiter Ferne ist, sondern im Hier und Jetzt der Geschichte. So wie es im Bericht vom Auszug der Israeliten aus Ägypten steht: „Ich habe gesehen, ich habe gesehen das Leid meines Volkes, ich habe seinen Schrei gehört, ich kenne sein Leid. Darum bin ich herabgestiegen, um es aus der Knechtschaft zu befreien und hinaufzuführen in ein schönes, weites Land, in ein Land, wo Milch und Honig fließen" (Ex 3,7–8).

Diese Bibelstelle aus dem Exodusbericht haben die Menschen in den kleinen Gemeinden in Amazonien auf sich bezogen. Gott sieht unser Elend, Gott hört unseren Schrei, Gott kennt unser Leid. Gott ist herabgestiegen und nicht auf Wolke sieben stationiert. Er wohnt nicht unzugänglich überm Sternenzelt. Nein, er ist da, mitten unter uns, um uns aus der Knechtschaft zu befreien.

Viele Menschen in Amazonien klagen: Wir sind geknechtet, wir haben nicht dasselbe Recht auf Leben, wie es andere haben. Es geht uns nicht um eine Revolution, die wir vom Zaun brechen wollen. Wir kämpfen auf legalem Weg um unsere Rechte, um die Würde der Frauen, um die Würde der Kinder, um die Würde der Landarbeiter, um die Würde der indigenen Völker, um die Würde der Afrobrasilianer. Das ist ein Kampf. Dieses Wort Kampf wollte die Gruppe um Kardinal Trujillo in Aparecida überhaupt ersatzlos streichen. Aber Kampf heißt ja nicht gleich blutiger Kampf, heißt nicht, andere zu töten. Selbst Johannes Paul II. sprach vom „edlen Kampf für die Gerechtigkeit".

Es geht uns nicht um strukturelle Änderungen mit Waffengewalt. Seit ich unter Polizeischutz stehe, denke ich oft daran, dass diese Bodyguards verheiratete Männer sind, also Frau und Kinder haben. Wenn man jemanden tötet, auf welcher Seite immer, ist das für mich allemal eine theologische Tragödie. Ich habe nie das Recht, jemandem das Leben zu nehmen. Es gibt andere Möglichkeiten, es gibt den gewaltlosen Widerstand. Wir protestieren, wir gehen auf die Straße, wir machen Aufmärsche, wir gehen so weit, dass sich die Herrschenden maßlos ärgern. Und sie fühlen sich plötzlich verunsichert und empfindlich gestört. Wir decken ihre menschenverachtende, korrupte, verfassungswidrige Politik auf und erheben Anklage gegen sie. Aber wir nehmen keine Waffe in die Hand.

Brasilien hat es geschafft, von der Militärregierung (1964–1985) ohne Blutvergießen in eine Demokratie überzugehen. Dass es auf diesem Weg zur Demokratie da und dort Auswüchse gegeben hat, ist bei derartigen politischen Umwälzungen überall der Fall. Ein einzelner Exzess heißt aber nicht, dass die ganze Bewegung desavouiert wäre. Ich weiß von keinem einzigen Fall, dass jemand im Namen einer Basisgemeinde handgreiflich geworden wäre oder dass jemand in einer unserer Gemeinden gesagt hätte, wir müssen uns mit Waffen verteidigen. Ich weiß von keinem einzigen solchen Fall in Amazonien. Umso bedauerlicher ist es, dass die Demokratie in Brasilien heute vielfach unter den untragbaren diktatorischen Launen einer arroganten Regierung zu leiden hat.

Dass es verschiedene Klassen in der Gesellschaft gibt, wird niemand bestreiten können. Wenn jemand ausgebeutet, unterdrückt, versklavt wird, gibt es logischerweise auch jemanden, der ausbeutet, unterdrückt, versklavt. Wir wissen es in Amazonien nur allzu gut und erleben es täglich, dass es Ausgebeutete und Ausbeuter gibt, Unterdrückte und Unterdrücker, Sklaven und Sklavenhalter. Die Leute sind arm, weil jemand oder ein System schuldig an ihnen geworden ist, weil sie bis aufs Blut geschunden worden sind. Das sind Tatsachen. Aber die Feststellung, dass es eine ausbeutende und eine ausgebeutete Klasse gibt, heißt noch lange nicht, dass wir für einen blutigen Klassenkampf eintreten.

Auf jedem Reichtum liegt eine Hypothek. Wenn der Reiche nur für sich hortet und dabei Menschen versklavt, dann ist das gegen die Menschenwürde und damit gegen Gott selbst. Als Kirche haben wir den Auftrag, uns im Namen des Evangeliums für die Menschenwürde und für die Menschenrechte einzusetzen. Mit ihrer Anklage schafft sich die Kirche natürlich auch Feinde. Vor allem sind es Großgrundbesitzer, Holzhändler und Bergwerksgesellschaften. Für diese Leute ist zum Beispiel jeder Indio einer zu viel. Und für sie ist die Kirche ein Stachel im Fleisch, weil sie die Rechte der indigenen Völker mit aller Energie verteidigt.

Das war schon in den 1970er und 1980er Jahren der Fall: Die Kirche hat sich auf die Seite der Ausgebeuteten, der Unterdrückten, der an den Rand Gedrängten gestellt, ob es indigene sind oder nicht indigene. Und wenn ich den Reichen auf die Zehen trete, schreien sie wütend auf und sagen, der Bischof sei ein Kommunist. Er muss weg, er muss „eliminiert" werden. Mehrere unserer Mitarbeiterinnen und Mitarbeiter wurden genau deshalb ermordet, weil sie Gewalt, Ungerechtigkeit und Menschenrechtsverletzungen angeprangert haben.

Die vier Dimensionen im Leben der Gemeinden

Ich habe noch nie einen Hirtenbrief verfasst. Ich wüsste auch von meinen Nachbarbischöfen nicht, dass sie Hirtenbriefe geschrieben hätten. Das heißt nicht, dass ich es versäume, zu bestimmten Fragen Stellung zu beziehen. Ich tue das zunächst im kirchlichen Umfeld, aber auch über die Printmedien, über Radio und Fernsehen und nehme mir kein Blatt vor den Mund, wenn es um Menschenrechtsverletzungen, um die skrupellose Ausbeutung Amazoniens, um die indigene Frage oder um den Staudamm Belo Monte geht. Durch das Internet hat sich zudem ein grenzenloser Areopag für unsere Öffentlichkeitsarbeit und die Bewusstseinsbildung eröffnet.

Der Priesterrat und der Pastoralrat sind Einrichtungen, die am Xingu nicht mehr wegzudenken sind. Da es im ganzen Bistum nur 27 Priester gibt, sind alle zwei Mal im Jahr zu den Sitzungen des Presbyteriums eingeladen. Neben dem Priesterrat gibt es selbstverständlich auch das im Kirchenrecht vorgeschriebene Kollegium der Konsultoren. Der Pastoralrat kommt im engeren Kreis immer wieder zusammen, aber wir verfügen am Xingu auch über einen erweiterten Pastoralrat, dem etwa 70 Leute aus allen Großregionen des Bistums angehören. Dieses Gremium hat unter anderem alle fünf Jahre die große Versammlung des Volkes Gottes vorzubereiten. Jede von den nahezu 800 Gemeinden hat das Recht, eine Delegierte oder einen Delegierten zu entsenden. Diese Person wird von der Gemeinde gewählt und nimmt an der Versammlung in Altamira teil.

Insgesamt sind dann zusammen mit den Priestern, Ordensleuten, dem Bischof und eingeladenen Gästen oder Referenten an die 900 Leute versammelt. Am Beginn steht immer ein evaluierender Rückblick auf die vergangenen Jahre und die Beschlüsse, die vor fünf Jahren gefasst wurden. Was ist gut gegangen, was war weniger gut, was können wir tun: Que bom! (wie gut!) Que pena! (wie schade!) Que tal? (und was nun?) sind die Stichworte zur Evaluierung. Zuerst soll das Positive erwähnt und dann das benannt werden, was nicht gelungen ist. Der dritte Schritt ist die Überlegung, was in Zukunft anders und besser sein kann und muss. Nach intensiver Gruppenarbeit bringen die Gruppen oder auch Einzelpersonen im Plenum Vorschläge ein und wir stimmen mit einer grünen und einer roten Karte ab, welche Prioritäten wir in den nächsten fünf Jahren in unserem pastoralen Einsatz setzen.

Bei der Versammlung des Volkes Gottes im Jahr 2009 waren Familie, Mitwelt und die Ausbildung der Laien die Schwerpunkte. Die Ausbildung der Laien und die Familie sind für uns seit Jahrzehnten wichtige Themen. 2009 wurde aber im Hinblick auf den Staudamm Belo Monte unsere Sorge um die Mitwelt besonders aktuell. Die Abstimmungen laufen demokratisch ab und es gibt meistens eine überwältigende Zustimmung.

Hin und wieder sagt mir jemand, ich müsste als Bischof stärker die Richtung vorgeben. Aber bei diesen Versammlungen des Volkes Gottes geht es weder um dogmatische Fragen noch um Angelegenheiten der Moral. Wir stimmen nicht darüber ab, ob es Engel gibt oder nicht oder ob ein Schwangerschaftsabbruch in Ordnung ist oder nicht. Es geht um die pastoralen Linien und Schwerpunkte, die ausführlich diskutiert werden. Erst dann wird abgestimmt. Selbstverständlich ist es meine Aufgabe als Bischof, die Umsetzung der Beschlüsse in den Gemeinden einzufordern. Ich kann sagen, das habt ihr beschlossen, diese Entscheidung haben eure Delegierten gefällt! Was ist daraus geworden? Ich kann die Gemeinden also bei ihrem Wort nehmen und sie auf ihre Verantwortung hinweisen.

Die Entscheidungen und Dokumente der Bischofkonferenz waren für mich immer verbindlich. Ich habe nie darauf bestanden, dass ich laut Kirchenrecht als Bischof frei bin und Beschlüsse der Bischofkonferenz zwar akzeptieren kann, sie aber in meiner Diözese nicht eins zu eins umsetzen muss. Nein, im Gegenteil. Kein einziges Mal habe ich bei der neun Tage dauernden Generalversammlung der Brasilianischen Bischofkonferenz gefehlt. Auch bei den zwei Mal im Jahr in Belém stattfindenden Sitzungen der regionalen Bischofkonferenz war ich immer dabei. Ich habe die Bischofkonferenz immer als konkreten Ausdruck der Kollegialität empfunden. Der Austausch mit anderen Bischöfen ist nach wie vor eine Bereicherung für mich. Wie oft waren die Tagungen ein neuer Ansporn für mich und wie oft durfte ich gerade in kritischen Momenten und bedrohlichen Situationen meines bischöflichen Dienstes am Xingu die ausdrückliche Unterstützung der Bischofkonferenz auf nationaler und regionaler Ebene erfahren!

Bei der *Campanha da Fraternidade* (Kampagne der Geschwisterlichkeit) hätten wir am Xingu vielleicht mehr tun können. Diese Kampagne wird seit 1964 in der Fastenzeit in ganz Brasilien durchgeführt und hat jedes Jahr ein besonders aktuelles Thema. Es gab bereits Kampagnen über Amazonien, die indigenen Völker, die Afrobrasilianer, über Familie, Jugend, Erziehung, Gesundheit, über die Besitz- und Wohnverhältnisse oder über die Korruption. 2014 geht es um den Menschenhandel.

Wir sind da in unseren Gemeinden am Xingu manchmal ein wenig nachgehinkt. Ich mache mir aber keine großen Vorwürfe deswegen. Wir haben die Themen und Arbeitsvorschläge immer weitergegeben, aber je nach Thema war halt der eine oder andere Priester einmal mehr oder weniger begeistert. Wenn aber der Priester nicht mitzieht, dann ist es auch nicht so einfach, die Gemeinde für eine solche Kampagne zu gewinnen.

Ich hätte manchmal auch bei der Versammlung des Volkes Gottes mehr einfordern können. Heute denke ich mir, wenn ich dort oder da ein bisschen mehr auf den Tisch gehauen hätte, wäre vielleicht mehr weitergegangen. Zum Beispiel bei Belo Monte haben auch nicht alle gleich mitgezogen. Vielleicht hätte der Staudamm doch verhindert werden können, wenn sich unsere Laien an der Basis, die Ordensleute und Priester schon vor Jahren intensiver dagegen eingesetzt hätten. Oder auch unsere Kampagnen für die indigenen Völker. Da wäre mehr möglich gewesen, denn bei diesen besonderen Ereignissen hat Brasilien auf Amazonien, auf uns geschaut. Ich selbst bin quer durch Brasilien gereist, bis in den Süden, und habe an Universitäten und anderen Institutionen Vorträge über Amazonien gehalten. Aber direkt vor Ort hätte mehr geschehen können.

Auf der anderen Seite habe ich mir immer gesagt, was nützt es, auf den Tisch zu hauen und sich als Bischof durchzusetzen? Am Ende bist du als autoritär oder präpotent verschrien und erreichst nur das Gegenteil. Vielleicht hätte ich fallweise den Laien mehr vertrauen können. Das schwirrt mir schon manchmal durch den Kopf. Wir haben in den Gemeinden so viele bewährte Frauen und Männer, die der Gemeinde vorstehen und die das sehr gut machen.

Ich sehe das zum Beispiel in der Art und Weise, wie eine Firmung vorbereitet ist. Da ist ein Landwirt, der vielleicht ein paar Kühe hat, und seine Frau ist nebenbei Lehrerin an der Volksschule. Am Sonntag stehen die beiden der Gemeinde vor. Ich frage mich schon lange, warum es nicht möglich ist, dass dieser Mann oder diese Frau auch der Eucharistiefeier vorsteht. Die Leute müssen warten, bis wieder einmal der Pfarrer oder der Bischof vorbeikommt, um an einer Eucharistiefeier teilnehmen zu können. Die allermeisten Gemeinden haben dieses Glück nur zwei oder drei Mal im Jahr.

Ich rede gerne von vier Dimensionen, die eine solche Gemeinde charakterisieren. Die erste ist die *samaritanische Dimension*: Die Leute wissen, dass eine Familie in Not eine Herausforderung und ein Auftrag an alle Gemeindemitglieder ist. Oft können sie die Probleme nicht lösen, aber sie sind da und tun alles, was möglich ist. Es ist für mich immer ein Erlebnis, wie die Leute sich einsetzen, wenn jemand krank ist. Hausmittel, Heilmittel, irgendetwas finden sie, dass es dem Betroffenen wieder besser geht. Oder sie rudern stundenlang mit dem Boot bis zur nächsten Gesundheitsstation. Es kam vor, dass Männer eine schwangere Frau in einer Hängematte fast dreißig Kilometer bis zur Hauptstraße getragen haben. Die liebende Solidarität hat in diesen Gemeinden immer mehr zugenommen. Niemand fragt, welcher politischen Partei jemand angehört oder welcher Glaubensgemeinschaft er oder sie angehört. Jemand ist krank, ist überfordert – und es wird geholfen.

Mit der samaritanischen ist die *prophetische Dimension* verbunden. Es geht nicht nur darum, jemandem punktuell zu helfen. Eine Notlage muss auch hinterfragt werden. Auf Menschen in Not und Elend zu blicken und auszurufen „Ach, die armen Hascher!" genügt nicht. Die Frau ist ausgemergelt, das Kind ist krank, der Mann ist verzweifelt, weil er seine Familie nicht ernähren kann. Die Frage, die wir uns stellen, ist: „Warum ist das so?" Diese Leute haben von morgens bis abends gearbeitet, geschuftet – und am Jahresende haben sie genauso viel oder besser gesagt genauso wenig wie am Jahresanfang. Da stimmt doch etwas nicht. Jemand ist schuldig an diesen Menschen geworden. Jemand hat ihre Arbeit oder die abgelieferte Ernte nicht anständig bezahlt, sodass die Familien gar nicht von ihrer Hände Arbeit leben können und immer mehr in die Misere stürzen.

Angesichts dieser ungerechten Verhältnisse ziehen die Leute den Schluss: Wir müssen uns organisieren, eine Genossenschaft gründen, eine Gewerkschaft. Wir müssen gemeinsam auftreten. In Amazonien wird dazu die Geschichte von den kleinen Fischen und dem Hai erzählt: Ein kleiner Fisch kann gegen einen Hai nichts ausrichten, aber wenn tausend kleine Fische gegen ihn anschwimmen, dann wird der Hai das Weite suchen. Oder sie bringen das Beispiel mit der Rute. Eine Rute, die fingerdick ist, kannst du ohne weiteres brechen. Aber wenn du zehn solche Ruten zusammenbündelst, gelingt es niemandem mehr, das Bündel zu brechen. Auf diese Weise motivieren sich die Leute, miteinander zu gehen, und formulieren ihre Parolen wie zum Beispiel: „Povo unido, jamais será vencido!" (Ein vereintes Volk wird nie besiegt).

Die dritte Dimension ist die *familiäre*. Diese Dimension erinnert mich an meine Heimatgemeinde in meiner Kindheit und Jugendzeit, als Koblach noch ein kleines, überschaubares Dorf war. Alle haben einander persönlich gekannt. Man hat genau gewusst, wer Großvater, Großmutter, Vater und Mutter, Tante und Onkel von wem ist. Hausnamen waren beliebter als die Familiennamen. Man wusste, wer zu welcher Familie gehört, und man wusste um die guten Seiten und die weniger guten Seiten von jedem. Das Dorf war wie eine Großfamilie. Die Dorffeste waren Familienfeste. Bei den

kirchlichen Festen Weihnachten, Ostern oder dem Patroziniumsfest rückte das ganze Dorf zusammen.

So ist es auch in den kleinen Gemeinden in Amazonien. Man
kommt am Sonntag zum Wortgottesdienst zusammen, aber man
bleibt nachher auch noch beisammen. Meistens gibt es ein gemeinsames Mahl. Jeder hat etwas mitgebracht. Es wird provisorisch ein
Tisch zusammengestellt, aus ein paar Brettern, jeder stellt seine
Töpfe drauf und jeder geht hin und holt sich, was er will: Reis, Bohnen, Maniok, Ente, Huhn, Fisch. Jeder und jede gehört dazu, bei
Gemeindefesten, aber auch bei familiären Festen. Man ruft die Leute beim Vornamen, oder beim Spitznamen, je nachdem. Natürlich
gibt es hin und wieder auch Streitereien. Nichts ist vollkommen.
Da versuchen wir halt, die Leute wieder zusammenzubringen. Auch
Versöhnung und Vergebung gehören zum Gemeindeleben. Naturgemäß gibt es manchmal auch Fälle, wo das schwierig wird.

Die vierte Dimension ist die *kontemplative*. Die Leute beten viel.
Manche Basisgemeinden beteten zunächst nur den Rosenkranz.
Vor allem solange sie keinen Zugang zur Heiligen Schrift gehabt
haben. Eine Frau hat vorgebetet und die Leute sind zusammenge-
kommen, um mitzubeten. Aber es blieb nicht nur beim Rosenkranz.
Der Wortgottesdienst wurde immer mehr zum Sonntagsgottesdienst der Gemeinde mit der Verkündigung des Evangeliums, mit
der Meditation des Wortes Gottes, mit Gebeten, Fürbitten und vielen Liedern.

Der Priester koordiniert die Pfarre als ein Netzwerk von 30 bis
100 solcher Gemeinden. Als Bischof bin ich immer wieder unterwegs zu den Gemeinden und nur drei bis vier Monate des Jahres
am Bischofssitz in Altamira. Ich habe 27 Priester für eine Diözese, die viereinhalb Mal so groß ist wie Österreich. Ich würde schon
gerne weitere 20 haben, weil viele Priester allein von Gemeinde zu
Gemeinde pilgern müssen. Es wäre besser, wenn zwei beisammen
wären. Andererseits haben viele Frauen und Männer ehrenamtlich

die Arbeit in den Gemeinden übernommen. Die Gemeindeleiterin ist während der Woche zum Beispiel Lehrerin, oder der Gemeindeleiter ist Landwirt. Am Sonntag leiten sie den Wortgottesdienst, sie bereiten die Kinder auf die Erstkommunion vor, die Jugendlichen auf die Firmung. Den Frauen oder Männern kann ich die Erlaubnis geben, die Taufe zu spenden, ja sogar den Priester bei Hochzeiten zu ersetzen. Aber sie können mit den Gemeinden nicht Eucharistie feiern. Sie fordern das vom Bischof. Ich kann nur sagen, ich habe zu wenig Priester.

Unsere Not mit der Eucharistie

Im Oktober 2013 gab es die erste große Versammlung der katholischen Kirche von Amazonien, mit 165 Teilnehmern, davon waren 56 Bischöfe. Da sind auch strukturelle Fragen auf den Tisch gekommen, zum Beispiel, dass 70 Prozent unserer Gemeinden am Sonntag von der Eucharistie ausgeschlossen sind. Ich war im Redaktionskomitee und habe dieses Thema dann tatsächlich in das Schlussdokument hineingebracht. Auch das wurde praktisch einstimmig angenommen.

Bei der Klausur mit den Bischöfen habe ich zum ersten Mal den durch Papst Franziskus hervorgerufenen Klimawandel erlebt. Viele meiner Mitbrüder im Bischofsamt hatten mir seit Jahren immer wieder versichert, dass ich recht hätte. Sie waren aber in Sorge, dies auch öffentlich zu bekräftigen. Groß war die Angst, man könnte in Rom angeschwärzt werden und Schwierigkeiten mit der Glaubenskongregation bekommen. Kein Bischof will Scherereien oder gar einen Brief von der Nuntiatur. Daher unterhielten sich die Bischöfe meist nur in den Pausen, in den Gesprächen am Gang, im Small Talk über mögliche Strategien im Hinblick auf den extremen Priestermangel.

Erst bei der Versammlung im Oktober 2013 ergriffen mehrere Bischöfe das Mikrofon und haben sich zu diesem Thema geäußert, sogar Bischöfe, von denen ich das nie erwartet hätte. Ich bin überzeugt, das ist der Franziskus-Effekt. Plötzlich war die Angst vor Rom weg! Plötzlich haben mehr und mehr Bischöfe ihre Meinung ganz öffentlich in der Versammlung vertreten.

Es ist ein großer Wunsch von mir und auch eine Sehnsucht der Menschen, dass unsere hunderte Gemeinden tatsächlich jeden Sonntag Eucharistie feiern können. Wie das geschehen kann, ist eine andere Frage. Ich kann darauf keine Antwort geben, aber wir müssen darüber nachdenken. Jesus hat gesagt: „Tut dies zu meinem Gedächtnis." Das ist ein Auftrag, nicht ein guter Rat. Also müssen wir uns als Kirche etwas einfallen lassen, damit diese Leute, wie alle anderen in den Städten auch, Eucharistie feiern können.

Unser Wegweiser in Amazonien ist die Charta, die wir als Bischöfliche Kommission für Amazonien am 31. Oktober 2013 veröffentlicht haben. Sie trägt die Unterschriften der gesamten Bischöflichen Kommission für Amazonien: des emeritierten Kurienkardinals und ehemaligen Erzbischofs von Fortaleza und Erzbischof von São Paulo, Cláudio Hummes, des Erzbischofs von Manaus, Sérgio Eduardo Castriani, des Erzbischofs von Natal, Jaime Vieira Rocha, des emeritierten Erzbischofs von Porto Velho, Moacyr Grechi, und die meine, als Sekretär der Kommission. Die zentrale Aussage dieses Dokuments lautet:

Mit tiefem Schmerz stellen wir fest, dass tausende unserer Gemeinden von der sonntäglichen Eucharistiefeier ausgeschlossen sind. Die meisten von ihnen haben nur einmal, zweimal oder dreimal im Jahr die Gnade, das Gedächtnis des Leidens, des Todes und der Auferstehung des Herrn zu feiern. Der Herr hat aber am Vorabend seines Todes nicht einen guten Ratschlag, sondern einen ausdrücklichen Befehl erteilt: „Tut dies zu meinem Gedächtnis!"

(1 Kor 11,24, Lukas 22,19). Im Dekret Presbyterorum Ordinis des Zweiten Vatikanischen Konzils heißt es, dass die Eucharistie Quelle und gleichzeitig Höhepunkt der ganzen Evangelisierung ist (vgl. PO 5). „Die christliche Gemeinde wird nur aufgebaut, wenn sie Wurzel und Angelpunkt in der Feier der Eucharistie hat" (PO 6). Auch die Dogmatische Konstitution Lumen Gentium spricht von der Eucharistie als „Quelle" und „Höhepunkt des ganzen christlichen Lebens" (LG 11). Es ist dringend notwendig, in unserer Kirche Strukturen zu schaffen, die 70 Prozent der Gemeinden nicht länger von der sonntäglichen Eucharistiefeier ausschließen, sondern ihnen ermöglichen, am „Brechen des Brotes" (Apg 2,42) teilzunehmen.

Ich glaube, dass es nicht mehr lange dauert, bis der Versuch gestartet wird, dass bewährte verheiratete Männer (Viri probati) eine Gemeinde leiten und mit ihr auch die Eucharistie feiern. Ich bin überzeugt, dass ich das in den nächsten zehn, zwanzig Jahren erleben werde, dass einige von diesen Gemeindeleitern am Xingu ihren Gemeinden auch in der sonntäglichen Eucharistie vorstehen werden. Der Impuls dafür wird sogar noch mehr von Europa ausgehen. Denn unsere Gemeinden sind gewohnt, dass sie am Sonntag einen Wortgottesdienst feiern. Diese Kultur gibt es in Europa weithin nicht. Dort wird der Priestermangel viel schmerzlicher empfunden. In den Pfarrverbänden werden die Priester verheizt. Das ist kein Modell, das auf Dauer funktionieren kann.

Dass die Gemeindeleiterinnen der Eucharistie vorstehen werden, erhoffe ich auch, aber da sind die Hürden natürlich größer, nicht zuletzt von Papst Johannes Paul II. her. Trotzdem bin ich überzeugt, dass Frauen hier eine bessere Hand haben bei der Leitung von Gemeinden. Frauen haben meistens eine bessere Ausbildung als die Männer, jedenfalls auf dem Land. Der Mann ist in der Landwirtschaft tätig, aber die Frau nimmt sich eher Zeit, lesen und schreiben zu lernen. Daher hat es immer auch mehr Lehrerinnen gegeben als Lehrer. Dazu kommt das Charisma der Frauen, zwischenmenschliche Beziehungen zu fördern.

Die Wortgottesdienste haben ihren Wert

Gleichzeitig mit meinem Eintreten für die Eucharistiefeier möchte ich unterstreichen, dass der Wortgottesdienst, den die Gemeinden am Sonntag feiern, seine eigenständige Notwendigkeit und Bedeutung hat. Im Dokument von Aparecida gibt es einen Artikel, wo das ganz klar so festgehalten wird. Ihn nur als minderwertig abzutun gegenüber der Sonntagsmesse, ist absolut vorkonziliar. Die Messe hat zwei Teile, das kann man schon in der römischen Instruktion von 1970 nachlesen. Der Wortgottesdienst ist nicht so etwas wie die Vorbereitung, das Präludium für den eigentlichen Gottesdienst. So wie das früher war, dass man die Sonntagspflicht erfüllt hatte, wenn man ab der Opferung (damals hat die Gabenbereitung Opferung geheißen) bis zur Kommunion in der Kirche war. Da war der Wortgottesdienst total abgewertet.

In der Regel werden in den Gemeinden Wortgottesdienste ohne Kommunionfeier gehalten. Außer dort, wo die Möglichkeit besteht, dass die Kommunion ausgeteilt wird. Es gibt Gebiete, die sind sehr feucht, da ist es nicht möglich, die konsekrierten Hostien über längere Zeit aufzubewahren. Ich bin einmal in eine Gemeinde gekommen, und als ich den Hostienkelch aufgemacht habe, war da drinnen nur eine graublaue Masse. Ich musste diese verrotteten, ehemals konsekrierten Hostien in der Erde bergen. Noch nicht konsekrierte Hostien werden in einem Kühlschrank aufbewahrt. Sie werden für den Gottesdienst verwendet, wenn ein Priester da ist. Aber in den Gemeinden nahe der Stadt sind die Gemeindeleiterinnen und Gemeindeleiter sehr darauf bedacht, dass sie die eucharistischen

Gestalten aus einer Stadtpfarrkirche holen, um nach dem Wortgottesdienst die Kommunion spenden zu können. In den weiter entfernten Gemeinden sind die Sonntagsgottesdienste Wortgottesdienste ohne Kommunionempfang.

In zehn Punkten möchte ich allen Strömungen wehren, die den sonntäglichen Wortgottesdienst, den unsere Gemeinden feiern, abwerten:

1. *Das Gemeindeleben ist nicht – wie manche vermuten – lahmgelegt, wenn die Gemeinde monatelang keinen Priester zu Gesicht bekommt. Die Leute versammeln sich jeden Sonntag zum Gottesdienst, manchmal auch wochentags.*

2. *Das Gemeindeleben ereignet sich nicht nur während des von einem Priester geleiteten Gottesdienstes, sondern die feiernde, betende, hörende und kontemplative Gemeinde geht Hand in Hand mit der Gemeinde, die sich als Familie der Familien versteht und auch ihre samaritanische und prophetische Dimension im Alltag lebt.*

3. *Der Wortgottesdienst darf nicht als „Ersatz" für die Eucharistiefeier angesehen werden, nach dem Motto: „Wenn ihr schon keine Eucharistiefeier habt, dann feiert halt wenigstens einen Wortgottesdienst!" Den Wortgottesdienst als „Einstieg" oder „nähere Vorbereitung" für die eigentliche Eucharistiefeier zu betrachten ist eine vorkonziliare Anschauung.*

4. *In der von Papst Paul VI. am 14. Februar 1969 unterzeichneten Allgemeinen Einführung in das Römische Messbuch ist zu lesen: „Die heilige Messe besteht in gewisser Hinsicht aus zwei Teilen, dem Wortgottesdienst (liturgia verbi) und der Eucharistiefeier (liturgia eucharistica), die jedoch so eng miteinander verbunden sind, dass sie eine einzige Gottesdienstfeier bilden" (Inst. Gen. 28). Wenn nun kein geweihter Zelebrant da ist, der dem Gottesdienst vorstehen kann, heißt*

das noch lange nicht, dass die von der Gemeinde gefeierte Liturgia Verbi als Andacht etwa wie eine Maiandacht oder eine Kreuzwegandacht einzustufen sei, und demnach mit der Eucharistiefeier nichts zu tun habe.

5. Gott wird im Wortgottesdienst als ein Gott erfahren, der zu seinem Volk spricht, also durch sein Wort gegenwärtig ist: „Denn in der Liturgie spricht Gott zu seinem Volk; in ihr verkündet Christus noch immer die Frohe Botschaft" (SC 33). Mehr noch: „Gegenwärtig ist er in seinem Wort, da er selbst spricht, wenn die heiligen Schriften in der Kirche gelesen werden" (SC 7; ebenso in Inst. Gen. 55). Und die Allgemeine Einführung fügt hinzu: „Wann immer in der Kirche die Heilige Schrift gelesen wird, spricht Gott selbst zu seinem Volk und verkündet Christus, gegenwärtig in seinem Wort, das Evangelium" (Inst. Gen. 29).

6. Im dreimaligen Sanctus (dem feierlichen „qadosch-qadosch-qadosch" aus Jesaja 6,3; vgl. Offenbarung 4,8) kommt unser Glaube an die Gegenwart Gottes im Neuen, im Blute Christi geschlossenen Ewigen Bund ergreifend zum Ausdruck. Im Benediktus und Hosianna bekennt die versammelte Gemeinde freudig, dass Er in unsere Gemeinde einzieht und mitten unter uns ist. Und das Halleluja vor der Lesung des Evangeliums ist als Jubelruf der Gemeinde zu verstehen: „Gott spricht zu uns", „Gott ist in unserer Mitte durch sein Wort".

7. Es ist wider den Geist des Zweiten Vatikanischen Konzils, den sonntäglichen Wortgottesdienst abzuwerten und zu behaupten, die „Sonntagspflicht" sei damit nicht erfüllt. Die Aussagen der 5. Generalversammlung des Episkopats von Lateinamerika und der Karibik im brasilianischen Aparecida (2007) tragen ganz sicher die Handschrift unseres Papstes Franziskus. Er war Vorsitzender des Komitees zur Abfassung des Schlussdokuments, in dem wir lesen: „Den vielen tausend

Gemeinden mit Millionen Mitgliedern, die keine Gelegenheit haben, an der sonntäglichen Eucharistiefeier teilzunehmen, möchten wir mit tief empfundener pastoraler Herzlichkeit sagen, dass auch sie ‚dem Sonntag entsprechend‘ leben können und sollen. Sie können ihren bereits bewundernswerten missionarischen Geist nähren, wenn sie ‚im sonntäglichen Wortgottesdienst‘ das Pascha-Mysterium feiern und die Liebe erfahren, die zusammenführt (vgl. 1 Johannes 3,14), das Wort Gottes aufmerksam hören (vgl. Johannes 5,24–25) und miteinander beten (vgl. Matthäus 18,20)“ (Dokument von Aparecida 253).

8. Es ist ein Unrecht, von den Gemeindemitgliedern zu verlangen, ihrer priesterlosen Gemeinde den Rücken zu kehren, ihr Gemeindeleben aufzugeben und privat irgendwo hinzufahren, wo gerade ein Priester vorhanden ist. Die Teilnahme an der sonntäglichen Eucharistiefeier kann doch um Gottes willen nicht außerhalb der eigenen Gemeinde verpflichtend sein, in einer Gemeinde also, zu der man gar nicht dazugehört und in der man sich nur als Zaungast fühlt. Gerade beim sonntäglichen Höhepunkt der Woche, dem auch im Wortgottesdienst gefeierten Pascha-Mysterium (vgl. oben Aparecida 253), kämen in diesem Falle die Gemeindemitglieder ja nicht mehr in ihrer heimatlichen Pfarrkirche zusammen, sondern gingen auseinander. Diesen Sonntag sind sie hier, am nächsten dort, am dritten wieder woanders. Solche Forderungen zerstören das Gemeindeleben.

9. Bei den im Schlussdokument von Aparecida so herzlich empfohlenen Wortgottesdiensten feiern Christinnen und Christen den Sonntag nicht als passiv hörende, sondern als aktiv mitwirkende Gemeinde. Sie erfahren das wirklich Berührende und Beglückende des Wortes Gottes in der spontanen, frischen Art, wie es hier erlebt wird.

10. Unsere Gemeinden sehen in der Lesung aus der Heiligen Schrift nicht eine von der Erdoberfläche abgehobene „Vorlesung", die man einfach mehr oder weniger apathisch über sich ergehen lässt, um dann zur eigentlichen Tagesordnung überzugehen. Das Wort Gottes wird als „Antwort" auf die Fragen der Menschen, auf ihre Sorgen und Nöte empfunden, auf ihre Sehnsüchte und Hoffnungen, auf die tagtäglichen Herausforderungen der Welt, in der sie leben.

„Wanderbischof" Erwin Kräutler auf Besuch in einer entlegenen
Gemeinde mitten im Regenwald.

Firmung im Februar 2014 in Anapu

Firmung im Grünen: in den entlegenen Gemeinden der Prälatur wird meist unter freiem Himmel Gottesdienst gefeiert.

Gottesdienst in der Kathedrale des Bischofs in Altamira

Im Haus für Mutter und Kind werden Frauen und werdende Mütter aufgenommen.

Die leitenden Mitarbeiterinnen im Haus für Mutter und Kind sind sich der Unterstützung durch den Bischof gewiss.

Im Bildungszentrum Betania lernen Indios, wie sie ihre Rechte in Anspruch nehmen können.

Mitarbeiterinnen und Kursteilnehmerinnen im Bildungszentrum Betania

Blick über die Dächer von Altamira auf den Xingu

In der Schule unmittelbar neben der Prälatur, die von der Kirche als
Schulerhalter geführt wird.

Privataudienz bei Papst Franziskus am 4. April 2014

12. Das neue Gesicht der „Franziskus"-Kirche

Unser Papst aus Lateinamerika

Viele hatten es noch immer nicht für möglich gehalten. Aber am Abend des 13. März 2013 wurde es zur Gewissheit. Die in der Sixtinischen Kapelle in Rom versammelten Kardinäle haben den ersten Papst in der Geschichte der römisch-katholischen Kirche gewählt, der aus Lateinamerika kommt. Jorge Mario Bergoglio, der Erzbischof von Buenos Aires, ist das neue Gesicht der Kirche, die damit erstmals im wahren Sinne des Wortes zur „Welt"-Kirche geworden ist. Er hat bereits in den ersten Wochen seines Pontifikats bewiesen, dass er voll und ganz hinter dem Dokument der Versammlung der lateinamerikanischen Bischöfe in Aparecida steht, das er maßgeblich beeinflusst hat.

Schon bei der ersten Begegnung mit der Präsidentin Argentiniens Cristina Kirchner im Vatikan überreichte er ihr ein Exemplar des Schlussdokuments von Aparecida. Und die brasilianische Präsidentin Dilma Rousseff bekam kurz darauf in Rom dasselbe Geschenk aus der Hand des Papstes. Der Papst hat damit beiden führenden Politikerinnen einen deutlichen Fingerzeig gegeben, wie sich die Kirche in Lateinamerika selbst versteht und wie sie aus dieser Haltung auch zu gesellschaftlichen und politischen Vorgängen Stellung bezieht. Franziskus steht also voll hinter diesem Dokument.

In Aparecida war der damalige Kardinal Bergoglio nach außen sehr unscheinbar, aber ich kann mich erinnern, wo er gesessen ist. Wenn ich damals gewusst hätte, dass er Papst wird, hätte ich etwas genauer hingeschaut. Damals wollten der Kardinal von Lima, ein Mitglied des Opus Dei, und andere konservative Bischöfe die Versammlung dirigieren und in ihre Richtung bringen. Sie haben sehr offensiv das Wort ergriffen. Dagegen hat sich Bergoglio mehr im Hintergrund gehalten. Er war aber in der Redaktionskommission des Schlussdokumentes und spielte dort zusammen mit Kardinal Francisco Javier Errázuriz Ossa, dem Erzbischof von Santiago de Chile, eine besondere Rolle. Diese Verbindung hat sich dann ja 2013 fortgesetzt, indem Bergoglio als Papst Franziskus den Kardinal in die Runde seiner acht Berater aus aller Welt berufen hat.

Für Bergoglio ist das Schlussdokument von Aparecida bis heute der Ausdruck dessen, was Kirche in Lateinamerika will und repräsentiert. Es ist sicher kein Zufall, dass Papst Franziskus in seinem Lehrschreiben *Evangelii Gaudium* mehrfach darauf zurückkommt und ausdrücklich aus diesem Dokument zitiert. Zum Beispiel in Nummer 25 von *Evangelii Gaudium*, wo er alle kirchlichen Gemeinschaften aufruft, „auf dem Weg einer pastoralen und missionarischen Neuausrichtung voranzuschreiten, der die Dinge nicht so belassen darf, wie sie jetzt sind". Eine „reine Verwaltungsarbeit" – und das sind jetzt Zitate aus dem Dokument von Aparecida – reiche nicht aus, sondern die Kirche müsse sich in allen Regionen der Erde in einen „Zustand permanenter Mission" versetzen. Den Verkündern des Evangeliums ruft der Papst ebenfalls mit einem Zitat aus Aparecida in Erinnerung: „Das Leben wird reifer und reicher, je mehr man es hingibt, um anderen Leben zu geben. Darin besteht letztendlich die Mission."

Die Bischöfe von Argentinien gelten in Lateinamerika zwar in der Mehrheit als eher konservativ. Aber ich denke, dass Kardinal Bergoglio eine Ausnahme ist. Der Papst wird nie sagen, ich bin ein Vertreter der Befreiungstheologie. Das erwarte ich auch nicht von ihm. Aber die Anliegen der Befreiungstheologie, die hat er schon allein dadurch vertreten, wie er als Kardinal von Buenos Aires gelebt hat. Er ist ausgezogen aus seinem Palast. Das war eine dieser typischen Gesten von Kardinälen oder Erzbischöfen, die in richtigen Palais gewohnt haben und sich irgendwann gesagt haben, dass sie so nicht leben könnten und wollten.

Diese konkrete Geste von Bergoglio ist für mich richtungweisend dafür, dass er eine arme Kirche für die Armen will. Ich kann mir jedenfalls nicht vorstellen, dass Kardinal Bergoglio – was ihm manche nachsagen –, auf der Seite der argentinischen Militärdiktatur gestanden sei. Es ist undenkbar, dass er mit einem General handelseinig gewesen wäre, der Menschenleben auf dem Gewissen hat.

Sein Name Franziskus ist Programm. Als erster Papst hat sich Bergoglio bewusst nicht in die Reihe der Papstnamen des 19. oder 20. Jahrhunderts eingefügt, sondern einen Namen gewählt, den noch niemals ein Papst angenommen hatte: Franziskus. Ein Bischof von Rom und ein Papst, der sich in die Tradition des „Poverello", des „kleinen Armen" begeben hat. Wie es dazu gekommen sei, hat Papst Franziskus selbst aus dem Konklave ausgeplaudert: Kardinal Cláudio Hummes habe ihn nach seiner Wahl gebeten: Vergiss die Armen nicht!

Für Papst Franziskus ist die Option für die Armen, wie wir sie in Lateinamerika formuliert, ausgearbeitet und realisiert haben, verbindlich. Ich bin überzeugt, dass er in allen seinen Lehrschreiben und in seinem Handeln davon ausgeht. Die gemachte Armut und die Mitwelt sind zwei kirchliche Themenkreise, die bei Franziskus ganz oben auf der Agenda stehen. Aus seinen Predigten in Buenos Aires dürfen wir schließen, dass Bergoglio wohl auch als Papst seine Stimme für die Armen erheben und den Mut haben wird, die Ursachen der Armut anzuprangern. Ob er etwas „bewirken" wird, steht auf einem anderen Blatt. Aufgabe eines Propheten ist es, für eine gerechte und geschwisterliche Welt einzutreten und nicht müde zu werden, alle von Menschen geschaffenen ungerechten Strukturen zu verurteilen, die für Gewalt, Tod und Ausgrenzung verantwortlich sind.

Nicht zuletzt ist der Name Franziskus ein Programm, das Assoziationen an die lateinamerikanische Befreiungstheologie wachruft. Es gibt eine wunderbare Erzählung aus dem Leben des heiligen Franz von Assisi. Im Jahre 1205 kniete er in dem verfallenen Kirchlein San Damiano vor dem heute weltberühmten byzantinischen

Kreuz. Plötzlich hörte er eine Stimme: „Franz, stelle mein verfallenes Haus wieder her." Als Kardinalprotodiakon Jean-Louis Tauran den Namen bekannt gab, den Jorge Mario Bergoglio als Papst angenommen hat, kamen mir unwillkürlich diese Worte in den Sinn. Wir hoffen, dass Papst Franziskus die Erwartungen, die wir mit diesem Namen verbinden, auch zu verwirklichen versucht. Dazu braucht er den Mut und die tiefe Gottverbundenheit des Franz von Assisi.

Ich möchte den neuen Papst nicht gleich für die Befreiungstheologie vereinnahmen, aber eines ist sicher: Er ist ein Mann, der in Argentinien auf der Seite der Armen stand und sich für die Mittellosen und an den Rand Gedrängten eingesetzt hat. Deshalb wurde er auch „Kardinal der Armen" genannt. Sich den konkreten Herausforderungen unserer Welt zu stellen und ungerechte Strukturen anzuprangern, die Reiche immer reicher werden lassen und Arme und kulturell andere als „überflüssig und Wegwerfartikel" (Dokument von Aparecida, 65) erklären, war und ist ein Anliegen der Befreiungstheologie.

Der zweifelsfreie Nachweis dieser Gesinnung war das erste Apostolische Schreiben, das ganz aus der Feder von Papst Franziskus stammte, *Evangelii Gaudium* vom 24. November 2013. Einige Absätze, die ich zitieren möchte, bezeugen den Geist, der dieses Dokument durchweht:

- *In diesem Schreiben möchte ich mich an die Christgläubigen wenden, um sie zu einer neuen Etappe der Evangelisierung einzuladen, die von dieser Freude geprägt ist, und um Wege für den Lauf der Kirche in den kommenden Jahren aufzeigen. (1)*
- *So haben die Evangelisierenden den „Geruch der Schafe" und diese hören auf ihre Stimme. (24)*
- *Eine Kirche „im Aufbruch" ist eine Kirche mit offenen Türen. (46)*
- *Die Eucharistie ist, obwohl sie die Fülle des sakramentalen Lebens darstellt, nicht eine Belohnung für die Vollkommenen,*

sondern ein großzügiges Heilmittel und eine Nahrung für die Schwachen. Diese Überzeugungen haben auch pastorale Konsequenzen, und wir sind berufen, sie mit Besonnenheit und Wagemut in Betracht zu ziehen. Häufig verhalten wir uns wie Kontrolleure der Gnade und nicht wie ihre Förderer. Doch die Kirche ist keine Zollstation, sie ist das Vaterhaus, wo Platz ist für jeden mit seinem mühevollen Leben. (47)

- *Wir haben die „Wegwerfkultur" eingeführt, die sogar gefördert wird. Es geht nicht mehr einfach um das Phänomen der Ausbeutung und der Unterdrückung, sondern um etwas Neues: ... Die Ausgeschlossenen sind nicht „Ausgebeutete", sondern Müll, „Abfall". (53)*

- *In diesem Sinn rufe ich die Finanzexperten und die Regierenden der verschiedenen Länder auf, die Worte eines Weisen des Altertums zu bedenken: „Die eigenen Güter nicht mit den Armen zu teilen bedeutet, diese zu bestehlen und ihnen das Leben zu entziehen. Die Güter, die wir besitzen, gehören nicht uns, sondern ihnen." (57)*

- *Jeder Christ und jede Gemeinschaft ist berufen, Werkzeug Gottes für die Befreiung und die Förderung der Armen zu sein, so dass sie sich vollkommen in die Gesellschaft einfügen können; das setzt voraus, dass wir gefügig sind und aufmerksam, um den Schrei des Armen zu hören und ihm zu Hilfe zu kommen. ... Diesem Schrei gegenüber taub zu bleiben, wenn wir doch die Werkzeuge Gottes sind, um den Armen zu hören, entfernt uns dem Willen des himmlischen Vaters und seinem Plan. (187)*

- *Im Herzen Gottes gibt es einen so bevorzugten Platz für die Armen, dass er selbst „arm wurde" (2 Kor 8,9). Der ganze Weg unserer Erlösung ist von den Armen geprägt. (197)*

- *Für die Kirche ist die Option für die Armen in erster Linie eine theologische Kategorie und erst an zweiter Stelle ein kulturelle, soziologische, politische oder philosophische Frage. Gott gewährt* ihnen „seine erste Barmherzigkeit". Diese göttliche Vorliebe hat Konsequenzen im Glaubensleben aller Christen, die ja dazu berufen sind, so gesinnt zu sein wie Jesus (vgl. Phil 2,5). ... Aus diesem Grund wünsche ich mir eine arme Kirche für die Armen. Sie haben uns vieles zu lehren. Sie haben nicht nur teil am Sensus fidei, sondern kennen außerdem dank ihrer eigenen Leiden den leidenden Christus. Es ist nötig, dass wir alle uns von ihnen evangelisieren lassen. (198)

- Solange die Probleme der Armen nicht von der Wurzel her gelöst werden, indem man auf die absolute Autonomie der Märkte und der Finanzspekulation verzichtet und die strukturellen Ursachen der Ungleichverteilung der Einkünfte in Angriff nimmt, werden sich die Probleme der Welt nicht lösen und kann letztlich überhaupt kein Problem gelöst werden. Die Ungleichverteilung der Einkünfte ist die Wurzel der sozialen Übel. (202)

- Ich bete zum Herrn, dass er uns mehr Politiker schenke, denen die Gesellschaft, das Volk, das Leben der Armen wirklich am Herzen liegt! (205)

- Jedes Mal, wenn wir auf Maria schauen, glauben wir wieder an das Revolutionäre der Zärtlichkeit und der Liebe. An ihr sehen wir, dass die Demut und die Zärtlichkeit nicht Tugenden der Schwachen, sondern der Starken sind, die nicht andere schlecht zu behandeln brauchen, um sich wichtig zu fühlen. (288)

Eine Aufbruchstimmung wie vor dem Konzil

Was hier in *Evangelii Gaudium* zu lesen ist, ist eine ganz neue Akzentsetzung. Die Art und Weise, wie sich Papst Franziskus ausdrückt, hat es noch nie gegeben. Es ist eine ähnliche Situation wie damals, als Papst Johannes XXIII. wie aus heiterem Himmel das Zweite Vatikanische Konzil einberufen hat. Dass er gesagt hat, öffnet die Fenster, lasst den Muff hinaus und frische Luft herein in die Kirche. Auch die Sprache von Papst Franziskus ist sehr plastisch und direkt. Er ergeht sich nicht in weiß Gott welchen theologischen Ergüssen mit seitenlangen Zitaten von Kirchenvätern. Bei *Evangelii Gaudium* habe ich den Eindruck, das ist wie eine verlängerte Predigt von Santa Marta, wo der Papst jeden Tag in der Früh zelebriert und predigt. Sehr spontan, mit ganz konkreten Beispielen.

In *Evangelii Gaudium* hat der Papst sein wahres Gesicht gezeigt. So ist er, und das ist nur der Anfang. Ich denke, es wird ein päpstliches Schreiben kommen, in dem sich Franziskus ausdrücklich mit der Situation der Armen und mit der Mitwelt auseinandersetzen wird. Natürlich sind auch in *Evangelii Gaudium* die Gewichte ein wenig verteilt. So sagt der Papst, er sehe mit Freuden, wie viele Frauen pastorale Verantwortungen gemeinsam mit den Priestern ausübten. Er hält aber in Nummer 104 zugleich daran fest, dass eine Ordination von Frauen nicht möglich sei: „Das den Männern vorbehaltene Priestertum als Zeichen Christi, des Bräutigams, der sich in der Eucharistie hingibt, ist eine Frage, die nicht zur Diskussion steht."

Wenn man diesen Passus genau liest, dann ist er allerdings weit weniger definitiv, als es Papst Johannes Paul II. in Nummer 4 seines Apostolischen Schreibens *Ordinatio Sacerdotalis* vom 22. Mai 1994 festgestellt hat: „Damit also jeder Zweifel bezüglich der bedeutenden Angelegenheit, die die göttliche Verfassung der Kirche selbst betrifft, beseitigt wird, erkläre ich kraft meines Amtes, die Brüder zu stärken (Lk 22,32 EU), dass die Kirche keinerlei Vollmacht hat, Frauen die Priesterweihe zu spenden, und dass sich alle Gläubigen der Kirche endgültig an diese Entscheidung zu halten haben."

Evangelii Gaudium wird weltweit bei den Bischöfen seine Wirkung nicht verfehlen, so wie ich es von uns in Amazonien geschildert habe. Ein erster Schritt dazu sind die acht Kardinäle, die der Papst sich aus allen Kontinenten als Berater geholt hat. Er hat ja betont, dass er das nicht nur aus sich selbst getan habe, sondern dass das in den

Versammlungen der Kardinäle vor dem Konklave schon so angedacht worden sei. Darüber hinaus glaube ich, dass die Bischofssynoden eine neue und gewichtigere Bedeutung bekommen werden. Der Papst sagt selbst, dass er dort weniger formale, sondern mehr offene Beratungen haben möchte. Ich bin überzeugt, dass schon bei der außerordentlichen Bischofssynode über die Familie im Herbst 2014 viel klarer und direkter gesprochen wird als bei früheren Synoden.

1997 hatte ich selbst an einer solchen Synode teilgenommen – der Amerika-Synode – und mir dabei gedacht, so wie das läuft, bringt es nicht viel. 300 Bischöfe haben jeweils acht Minuten gesprochen, aber es hat keine wirkliche Interaktion stattgefunden, es hat keine ehrliche Aussprache miteinander gegeben. Am Ende wurde ein Text zusammengestellt und abgestimmt, und der Papst hat ein Lehrschreiben daraus gemacht, das nichts Neues gebracht hat. Ich war schon damals überzeugt, dass die Grundstruktur dieser Synoden völlig reformiert werden muss. Wir werden natürlich nie in diesem Sinne eine demokratische Versammlung sein können, wir haben kein Parlament in der Kirche. Aber es ist eine Sache, dem Papst nur gute Ratschläge zu erteilen, oder den Papst darauf hinzuweisen, wie es nicht geht.

Wenn die Bischöfe sich offen äußern in künftigen Synoden, wird Papst Franziskus sicher nicht gegen eine solche Mehrheit partout anders entscheiden – so wie es vergleichsweise Paul VI. in seiner Entscheidung zur künstlichen Empfängnisverhütung getan hat. Ich denke, Franziskus wird sehr hellhörig sein.

Ich denke auch, dass im Zusammenhang mit der Familiensynode 2014 einiges geschehen wird, vor allem beim Thema wiederverheiratete Geschiedene. Man kann es sich nicht leisten, zuerst weltweit eine Umfrage zu machen und dann alles beim Alten zu belassen. Das geht nicht. Da würde Papst Franziskus das Gesicht verlieren. Das heißt jetzt nicht, dass alle Vorschläge, die von den Laien kommen, sofort umgesetzt werden. Aber dass es Schritte geben wird, davon bin ich überzeugt.

Ich habe schon im ersten Jahr von Papst Franziskus gespürt, dass sich die Bischöfe jetzt mehr trauen, dass sie mehr Mut haben, offene Fragen auch in aller Öffentlichkeit anzusprechen und nicht nur hinter vorgehaltener Hand. Ich erlebe das in Brasilien, aber ich denke auch an die deutschen Bischöfe. Da kommt plötzlich Kardinal Reinhard Marx aus der Deckung und springt Erzbischof Robert Zollitsch bei. Das hätte es unter Papst Benedikt XVI. nicht gegeben. Da sehe ich, dass sich vieles sehr zum Positiven ändert. Papst Franziskus hat ja selbst gesagt, dass die kirchlichen Behörden im Vatikan keine Zollbehörden sein sollen, dass sie sich nicht als Aufpasser verstehen sollen, sondern als Diener, als Unterstützer des Papstes und der Ortskirchen.

Die erste Befragung in der Weltkirche

Es herrscht ein anderes Klima. Papst Franziskus fragt, er fühlt sich nicht als der, der alles weiß und kraft der Wahl zum Papst den Heiligen Geist empfangen hätte für alles und jedes. Der erste Papst aus Lateinamerika ist der Durchbruch zur Weltkirche. Die katholische Kirche hat damit aufgehört, in ihren Entscheidungsinstanzen eine fast ausschließlich europäische Kirche zu sein. In der Wahl des neuen Papstes zeigte sich, dass sich die Kirche irgendwie von Europa „abgenabelt" hat.

Papst Franziskus wird sich sicher bemühen, von einer Kirche mit nur „europäischem Antlitz" wegzukommen. Das heißt absolut nicht, dass Europa unwichtig geworden ist, aber in unserem Global Village soll der alte Kontinent einfach ein Kontinent neben den anderen sein – und nicht einer über den anderen. Europa soll auch in der Kirche nicht automatisch eine Vormachtstellung einnehmen. Wie es früher in der einen katholischen Kirche die Patriarchate mit eigenen Liturgien und Traditionen gegeben hat und zum Teil noch gibt, soll der Kirche in allen Kontinenten das Recht zustehen, ihr eigenes Antlitz zu haben. Die Einheit der Kirche soll gerade in der Vielfalt der Kulturen und Sprachen zum Ausdruck kommen.

Dass der Papst seine erste große Auslandsreise – nach dem symbolträchtigen Besuch der Flüchtlingsinsel Lampedusa im Mittelmeer – nach Brasilien gemacht hat, war durch den Weltjugendtag in Rio de Janeiro vorgegeben. Es hat aber gleichzeitig das Band der lateinamerikanischen Kirche mit diesem Papst gestärkt. Ein positives Zeichen dafür war schon gewesen, dass unser Kardinal Dom Cláudio Hummes beim ersten Segen *Urbi et Orbi* dicht neben dem neuen Papst auf der Loggia des Petersdoms zu sehen war. Hummes ist der emeritierte Erzbischof von São Paulo und heute Vorsitzender der Bischöflichen Kommission für Amazonien, deren Sekretär ich bin. Ich kann mir sogar vorstellen, dass die brasilianischen Kardinäle im Konklave schon beim ersten Wahlgang für Jorge Mario Bergoglio gestimmt hatten.

Papst Franziskus hat sich von Anfang an sehr klar auf das Konzil besonnen, etwa auf die Einleitung der Pastoralkonstitution „Die Kirche in der Welt von heute": „Freude und Hoffnung, Trauer und Angst der Menschen von heute, besonders der Armen und Bedrängten aller Art, sind auch Freude und Hoffnung, Trauer und Angst der Jünger Christi. Und es gibt nichts wahrhaft Menschliches, das nicht in ihren Herzen seinen Widerhall fände" (*Gaudium et spes* 1). Ich hoffe, dass er eine weltweite Diskussion in der katholischen Kirche in die Wege leitet, etwa in Hinsicht auf die Zulassungsbedingungen zum Priesteramt, die Stellung der Frau in der Kirche, die wiederverheirateten Geschiedenen und andere heiße Eisen. Und ich hoffe, dass er dabei außer Bischöfen, Priestern und Ordensleuten auch Laien anhört.

In einem Interview mit den „Salzburger Nachrichten" habe ich am 5. Juni 2012 den Vorschlag gemacht, der Papst möge eine Umfrage unter allen Bischöfen auf der ganzen Welt durchführen: Was ist deine Meinung, wie stehst du zu den drängenden Fragen, was sagen deine Leute? Redet mit den Priestern, den Ordensleuten, den

Laien. Macht eine Versammlung und bildet euch eine Meinung. Die Bischöfe sollten also nicht nur für sich oder als Bischofskonferenz auf diese Fragen antworten, sondern sie sollten qualifizierte Voten ihrer pastoralen Gremien, von Priestern und Laien, einholen.

Ich hatte das so begründet: „Ich sehe darin eine Möglichkeit, dass wir einen Schritt vorwärts kommen. Man würde endlich von allen Gemeinden weltweit eine qualifizierte Meinung erfahren. Das ist der Puls der Weltkirche, den man erspüren muss. Und diese Meinung muss ernst genommen werden. Wir glauben daran, dass der Geist Gottes mit uns allen ist, nicht mit einer Einzelperson. Das sagt die Apostelgeschichte ganz klar. Nach einer solchen Befragung müsste ein Gremium geschaffen werden – „cum Petro et sub Petro" (mit dem Papst und unter dem Papst) –, das sich mit diesem Puls der Weltkirche befasst. Da kann man dann schauen, ob ein neues Konzil sinnvoll ist oder eine andere repräsentative Großversammlung wie die Versammlungen der Bischöfe Lateinamerikas."

Ohne diesen Gedanken jetzt für mich zu beanspruchen, hat Papst Franziskus tatsächlich im Herbst 2013 eine weltweite Online-Befragung zu Partnerschaft, Ehe und Familie durchführen lassen. Das war ein guter Anfang. In Altamira hat sich eine Gemeinschaft gebildet „Paare mit Christus". Diese Laienbewegung hat sich auch im Herbst 2013 zu der Umfrage des Vatikans über Partnerschaft, Ehe und Familie geäußert. Da werden die drängenden Fragen angesprochen, auch die Situation der wiederverheirateten Geschiedenen, von denen es auch in Brasilien unendlich viele Fälle gibt. Allerdings wird das weniger offen problematisiert als in Europa. Ich weiß von vielen Paaren, die wiederverheiratet sind, dass sie zur Kommunion gehen, ohne dass sie mit mir oder einem Priester darüber gesprochen haben. Und ich kann als Bischof niemandem die Kommunion verweigern, wenn er oder sie zur Kommunion geht.

Es gibt aber auch Fälle, in denen Frauen oder Männer zu mir gekommen sind, und wo ich aus pastoralen Gründen gesagt habe, die

Entscheidung müsst ihr selbst in eurem Gewissen fällen. Ich kenne ein Paar, da wollte die Frau immer heiraten, aber der Mann wollte nicht. Sie leben seit langem zusammen und dürften nicht zur Kommunion gehen. Aber die Frau ist jeden Sonntag in der Kirche, sie arbeitet auch in mehreren Gruppen der Gemeinde mit. Als dann ein Kind dieses Paares zur Erstkommunion gegangen ist, hat mich die Mutter am Abend um zehn Uhr angerufen. Sie war in Tränen aufgelöst und hat gefragt, was sie tun soll, weil die Tochter unbedingt möchte, dass die Mutter morgen bei der Erstkommunion auch zur Kommunion geht. Was hätte ich da sagen sollen? Ich habe selbstverständlich gesagt, dass sie zur Kommunion gehen soll.

Ich habe in solchen Situationen auch immer wieder die Leute in den Gemeinden befragt, und die haben dieselbe Meinung vertreten. Papst Franziskus hat in *Evangelii Gaudium* auch klar gesagt, dass die Sakramente keine Belohnung seien, sondern Hilfe auf dem Weg. Der verstorbene Mailänder Kardinal Carlo Maria Martini hat einmal gesagt, ein Sakrament ist kein Disziplinarverfahren. Davon bin ich absolut überzeugt.

Es ist ja keineswegs so, dass ich sagen würde, es ist alles gleichgültig und es gibt nichts zu unterscheiden. Ich kenne Fälle, in denen ein Mann de facto mit mehreren Frauen lebt. Der geht am Abend zur Beichte und am nächsten Morgen zur Kommunion und lebt dann so weiter wie bisher. Das ist etwas anderes, als wenn eine Frau seit Jahren oder Jahrzehnten in Treue mit ihrem zweiten Mann lebt, nachdem sie der erste mit einer Jüngeren verlassen hat. Da wünsche ich mir ausdrücklich, dass der Bischof, der diese Situationen aus der Nähe mit ihrem ganzen Hergang und Hintergrund kennt, eine angemessene pastorale Entscheidung treffen kann, die den Betroffenen wirklich eine Hilfe ist. Jeder Fall ist in diesen sehr persönlichen Dingen ein eigener Fall. Wenn ich in eine Gemeinde komme, frage ich den Priester immer, ob er dieses oder jenes Paar näher kennt und wie die konkrete Situation ist.

Ich meine daher auch nicht, dass es eine Generaldispens geben kann nach dem Motto: Gut, ihr seid verheiratet gewesen, eure Ehe ist auseinandergegangen, ihr habt wieder geheiratet und ihr seid jetzt wieder voll in der Gemeinde integriert. Eine solche Generaldispens würde erst recht der jeweiligen persönlichen Situation nicht gerecht werden. Aber der letzte Satz im Codex Iuris Canonici heißt ausdrücklich: „Salus animarum suprema lex" – das Heil der Seelen ist das höchste Gesetz. Darauf hat mich der Salzburger Kirchenrechtler Prälat Johann Reißmeier hingewiesen, den ich zur Zeit von Erzbischof Karl Berg zum Priester geweiht habe. Reißmeier hat mir in einem E-Mail wortwörtlich erklärt: „Mit diesem Satz im letzten Canon des CIC sollte ein besonderer Akzent für das gesamte universale Kirchenrecht der lateinischen Kirche, ein ‚Schlussakkord‘, gesetzt werden. Dies geschah auf Intervention von Papst Johannes Paul persönlich, denn er wollte diesen Satz unbedingt noch im Codex untergebracht haben."

Dieser Schlusssatz des gesamten Kirchenrechts ist für mich verbindlich. Als Bischof muss ich doch das Recht haben – oder ich habe sogar die Pflicht –, diesem obersten Gesetz, dem Heil eines Menschen, zum Durchbruch zu verhelfen.

Mehr Entscheidungsbefugnis für die Bischöfe

Eine Dezentralisierung der kirchlichen Entscheidungsinstanzen ist das Gebot der Stunde. Die nationalen Bischofskonferenzen und die Ortsbischöfe müssen entscheidungsfähiger werden und deshalb mehr Kompetenzen erhalten. Für bestimmte Entscheidungsfindungen sollten zudem Gremien geschaffen werden, die die Kirche auf der ganzen Welt repräsentieren und bei denen sich nicht nur Bischöfe, sondern auch andere Mitglieder des Volkes Gottes zu Wort melden können.

Ich bin überzeugt, dass die Bischofskonferenzen unter Papst Franziskus mehr Entscheidungsbefugnis bekommen werden. Oder dass ich als Bischof Dinge entscheiden kann, die mir bisher vorenthalten sind, gerade zum Beispiel im Hinblick auf die konkrete Lebenssituation von wiederverheirateten Geschiedenen. Ich würde das wirklich begrüßen. Es ist nicht notwendig und pastoral nicht sinnvoll, wenn der Bischof – ein wenig übertrieben gesagt – wegen jeder Kerze in Rom anfragen muss, ob er sie anzünden darf oder nicht. Die Möglichkeit, dass betroffene Paare selbst bei einer Ehe, die nicht gültig geschlossen wurde, einen Eheprozess anstrengen, ist in der Realität meist nicht gegeben. Ich glaube, der Bischof sollte in solchen pastoralen Fragen mehr Entscheidungsmöglichkeit haben. Wenn ein Prozess für die Annullierung einer Ehe geführt wird, ist die Diözese derzeit nur die erste Instanz. Aber wenn ein solcher Fall in die zweite Instanz geht oder gar nach Rom, ist es doch kaum möglich, dass man sich dort ein realistisches Bild von der Situation des betroffenen Paares machen kann. Ich habe Fälle erlebt, wo ich völlig überzeugt war, dass diese Ehe ungültig war. Ich denke konkret an eine Frau, die geheiratet hat, und ich erschrak, als ich von der Heirat erfuhr. Sie hatte mir im Voraus erzählt, sie werde demnächst heiraten, weil sie es in ihrer Familie, bei ihrem Vater nicht mehr aushalte. Das sei ein Wahnsinn, was sie da mitmachen müsse, und die einzige Chance, dass sie da herauskomme, sei zu heiraten. Sie hat geheiratet und wie befürchtet ist die Ehe nach kurzer Zeit auseinandergegangen. Der Mann ist abgehauen und die Frau hat es auch nicht mehr ausgehalten. Diese Ehe ist nach allen Regeln des kanonischen Rechts ungültig, weil hier absolut kein freier Ehewille vorhanden gewesen ist.

Solche Fälle gibt es bei uns in Amazonien leider immer wieder. Es gibt viele Ehen, die nicht gültig zustande kommen. Zum Beispiel so, dass die Tochter schwanger geworden ist und die Mutter sagt, du musst heiraten, du bist eine Schande für unsere Familie. Dann heiratet die junge Frau wegen der Mutter. Oder es gibt die krassen Fälle, wo der Vater einer jungen Frau zu dem Mann, der sie geschwängert hat, sagt, entweder heiratest du meine Tochter oder du bekommst es mit mir zu tun. Dann wird er die Frau heiraten – ohne dass diese Ausgangssituation in der Ehevorbereitung zur Sprache käme. Der Priester fragt die beiden, ob es ihr freier Wille ist, dass sie heiraten, und beide sagen, ja klar. Erst wenn es zur Trennung kommt, kommt die Wahrheit ans Licht.

Ein anderes Beispiel, wo der Bischof mehr Befugnis haben müsste, ist die Liturgie. Bei den indigenen Völkern in Amazonien gibt es viele Bräuche und Riten, die durchaus im Gottesdienst, auch in der Eucharistiefeier, Platz haben könnten. Aber streng genommen darf ich als Bischof einer solchen Gemeinde nicht erlauben, den römischen Ritus entsprechend abzuändern oder auch nur zu ergänzen. Notwendig wären in solchen Gemeinden eigene Hochgebete, die teilweise von den römisch approbierten Hochgebeten abweichen. Warum habe ich als Bischof nicht das Recht, solche Änderungen mit den betroffenen Gemeinden festzulegen? Warum kann ich ihnen keinen Zugang zur Eucharistie eröffnen, der ihren religiösen Überlieferungen und Traditionen gerecht wird?

Ich bin mir sicher, dass im Vatikan niemand Kayapó versteht. Aber wenn ich die Bibel in Kayapó übersetze, muss diese Übersetzung in Rom abgesegnet werden. Da müssten der Bischof und die Bischofskonferenz deutlich mehr Rechte bekommen. Das heißt ja selbstverständlich nicht, dass aus der römisch-katholischen Liturgie eine völlig andere wird. Die Kayapó haben wenig Bezug zu Kerzen, solche haben sie nie gehabt. Wenn auf dem Altar sechs Kerzen brennen, sagt ihnen das nichts. Aber bei ihnen ist das Wasser mit großen mystischen Erfahrungen verbunden. Die Kayapó leben am und oft im Wasser. Das Element Wasser ist für sie unendlich wichtig. Da könnte man zum Beispiel bei der Taufe viel stärker darauf eingehen oder auch beim Bußritus in der Eucharistie.

Oder die liturgischen Gewänder. Die sind so, wie wir sie aus Europa gebracht haben, für die Kayapó völlig fremd. Man müsste überlegen, welche Elemente aus ihrer Kultur aufgegriffen werden könnten. Zum Beispiel der Kopfschmuck, den sie bei allen ihren Festen tragen. Diesen Kopfschmuck setzen sie auch dem Bischof auf, wenn er in ihre Gemeinden kommt, als Ausdruck ihrer Wertschätzung, als Ausdruck dafür, dass der Bischof als Autorität akzeptiert wird. Ich darf dann diesen Schmuck nicht mehr herunternehmen, solange ich im Dorf bin. Das wäre eine Beleidigung.

Ich persönlich denke auch an die eucharistischen Gestalten von Brot und Wein, auch wenn es darüber aktuell keine Diskussionen gibt. In Amazonien haben wir weder Weizen noch Wein. Die Fladen sind aus Maniok gebacken. Daher müssen wir für die Hostien das Weizenmehl importieren, und den Wein auch, der kommt aus dem Süden Brasiliens, 4000 Kilometer entfernt. Da stellt sich schon die Frage, ob man nicht zumindest Maniok-Brot als eucharistische Gestalt verwenden könnte. Schwieriger ist es mit dem Wein, denn der ist doch etwas ganz anderes als der Zuckerrohrschnaps, den wir in Amazonien haben. Da wüsste ich nicht, was zu tun wäre.

Aber wie gesagt, das sind mehr theoretische Überlegungen, weil es heute keine Schwierigkeit ist, die Hostien und den Messwein zu besorgen, und weil die Leute das auch so gewohnt sind. Es gibt daher keine Notwendigkeit, das zu ändern. Sehr häufig ist bei uns, dass die Kommunion in beiderlei Gestalten empfangen wird. In der Regel wird dafür die Hostie in den konsekrierten Wein eingetaucht, nur bei einer Eucharistiefeier in sehr kleinem Kreis wird auch direkt aus dem Kelch getrunken.

Bedauerlich ist, dass die Krankensalbung bei uns kaum zum Tragen kommt, weil sie nur der Priester spenden kann. Dadurch ist die Krankensalbung de facto sehr an den Rand gedrängt worden. In Altamira selbst laden wir alte und kranke Menschen zwei Mal im Jahr zu einer besonderen Eucharistiefeier ein. Da wird dann auch das Sakrament der Krankensalbung gespendet. Interessant ist, dass dazu auch viele jüngere Leute kommen. Ich gehe dann durch die

Reihen und spende den Kranken das Sakrament. Wenn dann ein junger Mann in der Reihe steht und ich sage, du bist doch nicht krank, dann sagt er, jetzt nicht, aber manchmal habe ich Kopfweh oder Bauchschmerzen … Also bekommt er auch die Krankensalbung, da spricht ja liturgisch überhaupt nichts dagegen.

Aber darüber hinaus haben wir wenig Möglichkeit, allein wenn ich an die Krankenhäuser denke. Altamira hat 150.000 Einwohner, da haben wir wenigen Priester überhaupt keine Chance, dass wir die Kranken in den Spitälern besuchen und ihnen das Sakrament spenden. Wir hätten aber auf der anderen Seite viele Leute in den Gemeinden, die regelmäßig die Kranken besuchen. Es wäre eine große Hilfe, ja in Wirklichkeit seelsorglich höchst notwendig, dass diese Laien den Auftrag bekommen, die Krankensalbung zu spenden. Es könnte ja theologisch kein Problem sein, wenn ein Diakon oder auch eine Krankenschwester, die dauernd bei diesen Menschen ist, im Auftrag des Bischofs und ihrer Gemeinde auch die Krankensalbung spendet. Frauen und Männer, die bereits den Auftrag als außerordentliche Kommunionspender haben, wären für diesen Dienst hervorragend geeignet.

Der Papst wünscht sich „kühne Vorschläge"

Es war für mich ein eindrucksvolles Erlebnis und ein Höhepunkt meines bischöflichen Wirkens, dass ich Papst Franziskus am 4. April 2014 in einer Privataudienz persönlich und unmittelbar über die Situation der Kirche in Amazonien berichten konnte. Der Papst hat mich sehr liebenswürdig und überaus herzlich empfangen. Es war für mich eine große Auszeichnung, dass ich mit ihm knapp 20 Minuten allein reden und ihm viele unserer Sorgen vortragen konnte.

Das erste Thema war die Situation der bedrohten Indios in Amazonien, ein zweites war unsere große Not in der Prälatur Xingu.

Ich habe dem Papst berichtet, dass ich Bischof dieses flächenmäßig größten Bistums Brasiliens mit 700.000 Gläubigen bin und dass die allermeisten unserer Gemeinden nur zwei bis drei Mal im Jahr die Eucharistie feiern können, weil es für 800 Gemeinden nur 27 Priester gibt. Franziskus hat erwidert, der Papst könne von Rom aus nicht alles selbst in die Hand nehmen. Wir Bischöfe seien vor Ort, wir würden die Bedürfnisse unserer Gemeinden am besten kennen und wir sollten ihm daher ganz konkrete Vorschläge machen. Wir Bischöfe sollten „corajudos" sein, sagte er auf Spanisch, das heißt couragiert, mutig, beherzt, kühn. Ein einzelner Bischof sollte nichts im Alleingang machen, sagte der Papst, sondern die regionale und die nationale Bischofskonferenz sollten sich auf Reformvorschläge einigen. Diese gemeinsamen Anliegen sollten wir dann in Rom vorbringen.

Es ist im Zusammenhang mit der Not unserer Gemeinden auch das Wort von den Viri probati gefallen, also von bewährten verheirateten Männern, die zu Priestern geweiht werden könnten. Der Papst selbst erzählte von der Diözese San Cristobal de Las Casas in Mexiko, in der jede Gemeinde einen Diakon habe, aber fast alle keinen Priester. Es gebe 300 Diakone, die freilich nicht die Eucharistie feiern könnten. Jetzt stelle sich die Frage, wie es mit der Seelsorge in diesen Gemeinden weitergehen könne. Dazu sollten die Bischöfe Vorschläge machen, stellte Franziskus wiederum fest. Ich bin daher überzeugt, dass es nun sehr stark an den Bischöfen und an den Bischofskonferenzen liegen wird, ob und wie es mit einer Reform der Kirche vorangehen kann.

Als Präsident des Rates für die Indigenen Völker der Brasilianischen Bischofskonferenz und Sekretär der Bischöflichen Kommission für Amazonien habe ich dem Papst auch eine Stellungnahme über die neuerliche Bedrohung der Indios übergeben. Ich habe ihn darauf hinweisen können, dass die 1988 in der Verfassung festgeschriebenen Rechte der Indios in jüngerer Zeit im brasilianischen Kongress wieder massiv in Frage gestellt werden. Ich habe Franziskus berichtet, dass viele Indigene Opfer von Mordanschlägen sind und dass die Suizidquote sehr gestiegen ist. Zudem werden diejenigen kriminalisiert, die sich für die Indios einsetzen.

Konkret habe ich dem Papst auch eine Dokumentation über etwa 90 indigene Völker übergeben, die in Amazonien ohne Kontakt mit der sie umgebenden Gesellschaft leben. Diese Völker sind besonders bedroht, weil sie offiziell nicht existieren. Ich konnte dies nicht nur dem Papst selbst nahebringen, sondern ich hatte auch drei Stunden lang ein Gespräch mit dem Präsidenten der päpstlichen Kommission für Gerechtigkeit und Frieden, Kardinal Peter Turkson. Dieser bereitet einen ersten Text für ein Papstschreiben zur Ökologie und zur Bewahrung der Schöpfung vor. Ich habe ihn gebeten, unbedingt die Anliegen der indigenen Völker und des Regenwaldes in Amazonien in dieses Papier hineinzubringen. Der Kardinal hat mir seine private E-Mail-Adresse gegeben und mich ersucht, ihm entsprechende Unterlagen aufzubereiten und zuzusenden.

Diese Begegnungen in einem Rom, in dem ein neuer, offener Geist für die Weltkirche spürbar ist, und vor allem das persönliche Gespräch mit Papst Franziskus haben mich sehr berührt. Als Bischof aus Brasilien fühlte ich mich beim ersten Papst aus Lateinamerika in besonderer Weise verstanden – bis hinein in die Sprache. Wir haben Spanisch geredet. Aber wenn mir ein Ausdruck auf Spanisch nicht eingefallen ist, konnte ich auf das brasilianische Portugiesisch ausweichen. Das hat der Papst aus Argentinien selbstverständlich auch verstanden.

Meine Privataudienz als Bischof der Prälatur Xingu am 4. April 2014 bei Papst Franziskus war von gegenseitigem Verständnis und Wertschätzung geprägt. In einem solchen Miteinander von Papst und Bischöfen können sich ganz neue und hoffnungsvolle Perspektiven für unsere Kirche eröffnen.

Schlusswort

Mit 26 Jahren kam ich an den Xingu, voller Freude und mit vielen Erwartungen. Eine echte Begeisterung erfüllte mich, als Missionar meinen priesterlichen Dienst einem armen Volk widmen zu dürfen. Ich kam als Ausländer an, als Fremder, und sprach nicht einmal die Sprache der Menschen am Xingu. Ihre Kulturen und Traditionen waren ganz anders als die Feste, die Musik und das Brauchtum in Österreich. Von Anfang an habe ich jedoch nie Vergleiche zwischen Brasilien und meiner Heimat gezogen oder etwa von Österreich geschwärmt.

Am 21. Dezember 1965 bestieg ich in Belém das erste Mal ein Flugzeug, das mich nach Altamira brachte und nach eineinhalb Stunden Flug über den damals beinahe noch intakten Urwald auf der Schotterpiste am Xingu landete. Ich wusste, dass ich bleiben würde. Was mir diese Gewissheit schenkte, weiß ich bis heute nicht, aber irgendwie war ich mir sicher und sagte zu mir selbst: „Das ist nun deine neue Heimat, dein Volk, für das und mit dem du dein Leben leben wirst!"

Sofort spürte ich eine liebende Sympathie der Menschen am Xingu. Sie kamen auf mich zu, nahmen mich herzlich an und auf und wollten ihre spontane Zuneigung immer wieder neu beweisen. Mit einem Mal war ich für sie kein Fremder mehr, sondern ihr Freund und Bruder. Sie sahen in mir den jungen, fröhlichen Padre, der seine Heimat mit dem Xingu getauscht hat und nun Hand in Hand mit ihnen den Weg gehen will.

Beinahe ein halbes Jahrhundert ist seither vergangen und ich habe in diesen fünf Jahrzehnten in Amazonien auch ein Stück amazonische Kirchengeschichte erlebt und sogar mitschreiben dürfen. Als ich ankam, war das Konzil gerade vor ein paar Tagen zu Ende gegangen. Die Konstitutionen, Dekrete und anderen Dokumente, die im

Laufe der Konzilsjahre beschlossen worden sind, hatten selbstverständlich noch keine konkreten Folgen für die pastorale Arbeit am Xingu. Ich zelebrierte die heilige Messe auf Lateinisch. Als Ordensmänner trugen wir alle den weißen Talar. Die Seelsorge beschränkte sich auf die sakramentale Betreuung der Leute, auf Gottesdienste, Andachten, Novenen, Katechismus- und Religionsunterricht in der Schule und dann die endlosen Flussreisen bis in den letzten Winkel der Prälatur, um die Sakramente zu spenden. Während der Woche unterrichtete ich bald auch am Instituto Maria de Mattias und gab mein Bestes, um Volksschullehrerinnen und -lehrer für Altamira und Umgebung auszubilden.

Mit dem Bau der Transamazônica begann ein neues Kapitel in der Geschichte unserer Ortskirche. Tausende Familien zogen aus anderen Bundesstaaten an den Xingu auf der Suche nach einem Stück Land, von dem sie leben konnten. In der Seelsorge standen wir vor nie zuvor geahnten Herausforderungen. Wir waren nur wenige Priester. Die Ansprüche, die eine total neue Wirklichkeit an uns stellte, schienen uns zu erdrücken. Genau in diesem Kontext der Zuwanderung von tausenden Familien und ihrer Ansiedlung an der Transamazônica und deren Nebenstraßen begann das Zweite Vatikanische Konzil plötzlich zu greifen. Der Geist dieses Konzils ließ uns unsere bisherige Seelsorge hinterfragen und mutig nach neuen Wegen suchen, um „die Liebe Gottes allen Menschen und Völkern zu verkünden und mitzuteilen" (AG 10), wie im Missionsdekret *Ad Gentes* zu lesen ist. 1968 fand die zweite Konferenz der Bischöfe Lateinamerikas in Medellín, Kolumbien, statt. Diese Versammlung auf kontinentaler Ebene hatte sich zum Ziel gesetzt, Wege zu suchen, um die Konzilsbeschlüsse auf dem lateinamerikanischen Kontinent zu verwirklichen. Im Zentrum der Diskussionen stand die pastorale „Grundfrage": Welche Antwort geben wir als Kirche, im Lichte des Wortes Gottes, das in den Konzilsdokumenten neuen Glanz und frische Farbe erhalten hat, auf die grausame Realität struktureller

Armut und institutionalisierter Ungerechtigkeit, auf die Ausgrenzung und Vertreibung ganzer Völker aus ihrer jahrtausendealten Heimat, auf die Erbarmungslosigkeit und Brutalität folternder Militärdiktaturen?

Die ersten Bischöfe in Brasilien, die sich vom Geist des Zweiten Vatikanischen Konzils und Medellíns wirklich haben inspirieren lassen, waren die Bischöfe Amazoniens. Ihre Versammlung in Santarém im Jahre 1972 wurde zur Wasserscheide zwischen dem bisher durchaus selbstlosen, oft heroischen, aber fast ausschließlich nur sakramentalen Dienst der Missionare und den neuen Horizonten und Dimensionen, die das Konzil eröffnete. Santarém wählte als pastorale Prioritäten die kleinen christlichen Gemeinden, die später kirchliche Basisgemeinden genannt wurden, und die Ausbildung der Laien, um diese zu befähigen, Verantwortung für die Gemeinden zu übernehmen. Mit der Wahl dieser Prioritäten teilte Santarém die Geschichte der Kirche in Amazonien in ein Vorher und ein Nachher. Als junge Priester begrüßten wir natürlich diesen Neuaufbruch. Der kirchliche Frühling, den das Konzilsdokument *Sacrosanctum Concilium* (Über die heilige Liturgie) schon 1963 während meines Studiums an der Theologischen Fakultät in Salzburg verhieß, erreichte nun Amazonien und ließ Samen keimen und Blüten sprießen. Im Grunde begann ich erst jetzt die Tragweite des Konzils wirklich zu verstehen. Das Konzil war nicht eine Versammlung der Bischöfe der ganzen Welt, die am 8. Dezember 1965 ihren feierlichen, aber endgültigen Abschluss gefunden hatte. Das Konzil war ein Einbruch des Heiligen Geistes in das Leben der Kirche. Und hierher passt nun wirklich das Wort des Apostels Paulus an die Gemeinde von Thessaloniki: „Löscht den Geist nicht aus! Verachtet prophetische Reden nicht!" (1 Thess 5,19–20).

Der Heilige Geist, der im Konzil so unverkennbar zu spüren war, hat die Wende hin zum Volk Gottes angestoßen. Die Kirche verabschiedet sich vom anmaßenden Selbstverständnis als „societas perfecta" (vollkommene Gesellschaft), die in unumschränkter und ausschließlicher Weise über das Heil der Menschen verfügt. In der Dogmatischen Konstitution über die Kirche *Lumen Gentium* versteht sich die Kirche nun zuallererst als „Volk Gottes" (LG 9–17). Erst dann spricht die Konstitution von der „hierarchischen Verfassung der Kirche" (18–29) und versteht Hierarchie als Dienst am Volk Gottes: „Die Amtsträger, die mit heiliger Vollmacht ausgestattet sind, stehen im Dienste ihrer Schwestern und Brüder" (LG 18).

1984 feierten wir mit der ersten Versammlung des Volkes Gottes den 50. Jahrestag der Errichtung des Bistums am Xingu durch Papst Pius XI. Seither wiederholt sich dieses Ereignis alle fünf Jahre. Die gemeinsame Verantwortung von Bischof, Priestern, Ordensleuten und Laien für die Ortskirche kommt dabei besonders zum Ausdruck und stärkt auch immer wieder gerade die Laien in ihrem in Taufe und Firmung begründeten Engagement. Kein Mensch am Xingu identifiziert die Kirche heute nur mit dem Bischof oder den Priestern oder gar nur mit einem Gotteshaus oder der Kathedrale. Wenn ich heute die Leute frage, wer denn die Kirche sei, höre ich ganz sicher: „Wir alle sind die Kirche!" Und, bei allen Fehlern, die hin und wieder passieren, bei allen schmerzlichen Rückschlägen und auch Misserfolgen, die mir manchmal den Schlaf rauben, oder auch Enttäuschungen, die mir bisweilen das Leben sauer machen, bin ich überzeugt, dass sich am Xingu das Wort des Herrn erfüllt: „Das Reich Gottes ist mitten unter euch" (Lk 17,21). Und die Antwort der versammelten Gemeinde auf den priesterlichen Gruß „Der Herr sei mit euch!" keine leere Formel ist, sondern Ausdruck einer tiefen Glaubensgewissheit, die über den liturgischen Bereich hinausgeht und auch im alltäglichen Kampf um eine gerechte, geschwisterliche, solidarische Welt ihren Niederschlag findet: „Er ist in unserer Mitte!"

Mit dem Bau der Transamazônica breitete sich aber auch der Großgrundbesitz aus. Das vom lieben Gott paradiesisch geschaffene

Amazonien erfährt den ersten Dolchstoß der vorsätzlichen skrupellosen Zerstörung. Der jahrtausendealte undurchdringliche Urwald wird in Brand gesteckt. Menschen machen Amazonien zur Hölle des Feuers. Wer die Region am Xingu vor fünfzig Jahren kannte, ist heute bis ins Mark schockiert und kann es kaum glauben, was da in so wenigen Jahren im Namen von „Fortschritt" und „Entwicklung" vernichtet wurde. Die Regierungen Lula und Dilma verstehen Amazonien als Provinz der Bodenschätze und andere Naturreichtümer, die es auszubeuten gilt. Der Regenwald muss weichen. Die gigantischen Flüsse werden der Energiegewinnung geopfert ohne Rücksicht auf die Menschen, die im Umfeld dieser Megaprojekte leben, und deren Mitwelt. Riesige Kraftwerksprojekte in der Hand einiger weniger Konzerne stehen gegen die Idee einer dezentralen und nachhaltigen Stromerzeugung, die den Bedarf von Brasilien ohne Raubbau an der Natur decken könnte. Die wissenschaftlichen und technischen Grundlagen dafür sind vorhanden. Es fehlt der politische Wille.

Die Ureinwohner sind die Ersten, die in ihrem Überleben bedroht sind, aber nicht nur sie, auch die Flussbewohner, die seit Jahrhunderten entlang des Xingu siedeln und von Fischfang und Landwirtschaft leben, ja sogar die Einwohner der Stadt Altamira. Im Grunde ist es der Kampf einer naturverbundenen, bodenständigen und nachhaltigen Lebensweise gegen die Übermacht einer Globalisierung, in der Brasilien sich als williger Gehilfe der multinationalen Konzerne und als großer Player auf dem internationalen politischen Parkett positionieren will. Die indigenen Völker Lateinamerikas haben ihre Lebensweise seit unvordenklicher Zeit als „Sumak Kawsay" verstanden, als „gutes Leben", als ein Leben in Eintracht mit den Mitmenschen, in Harmonie mit der Mitwelt, in Liebe und Ehrfurcht zu Gott, der uns alle und alles erschaffen hat und liebt. Heute hat die Auseinandersetzung zwischen diesen gegensätzlichen Polen einen Punkt erreicht, der längst über die nationalen Interessen des Großkapitals in Brasilien hinausgeht. Wissenschafter weisen nachdrücklich darauf hin, dass die Zerstörung des tropischen Regenwaldes verheerende Auswirkungen auf die Biodiversität, den Wasserkreislauf und das Weltklima hat. Als Bischof stehe ich mittendrin in dieser gesellschaftlichen, wirtschaftlichen und auch kirchenpolitischen Auseinandersetzung und kann nicht so tun, als ob mich das alles nichts angehe, und, wie mir Leute aus Politik und Wirtschaft manchmal anraten, nur meine „spezifisch religiöse" Mission erfüllen. Es geht um Leben und Tod, um Sein oder Nicht-sein, um Gerechtigkeit oder Missachtung der Menschenrechte und Menschenwürde.

Je mehr sich diese „Krisis" in und um Amazonien zuspitzt, desto bedeutsamer wird für mich der Lichtblick, den ich in der Wahl von Papst Franziskus sehe. Von der fünften Konferenz der Bischöfe Lateinamerikas und der Karibik in Aparecida (13. bis 31. Mai 2007) weiß ich aus persönlicher Erfahrung, dass Jorge Mario Bergoglio vom Selbstverständnis der Kirche als „Volk Gottes" zutiefst überzeugt ist. Wenn vom „Volk Gottes" die Rede ist, meint man damit nicht nur die Großgemeinschaft von Menschen, zu der man einfach durch Geburt oder Taufe dazugehört, sondern es handelt sich um Frauen und Männer, Kinder und Jugendliche, Alte und Gebrechliche in ihrer je konkreten Lebenssituation, in ihrem je eigenen Umfeld. Diesen ganz konkreten Menschen mit Namen und Wohnadresse soll die Frohe Botschaft der Liebe Gottes verkündet und mitgeteilt werden (vgl. AG 10), aber sie sind keine Seelsorgsobjekte, rein passive Zuhörer, sondern sie alle sind eingeladen, ja aufgerufen, das Evangelium zu verkünden und zu bezeugen, und evangelisieren sich dabei gleichzeitig selbst.

Wenige Tage vor dem Konklave hielt der Erzbischof von Buenos Aires eine Rede, die bei vielen Papstwählern einen tiefen Eindruck hinterlassen hat. Ich bin überzeugt, dass diese Rede für die Wahl von Jorge Mario Bergoglio zum Papst ausschlaggebend war. Kardinal Bergoglio forderte einen radikalen Richtungswechsel. Er urteilte hart über Formen der klerikalen Eitelkeit und über die Beschäftigung der Kirche mit sich selbst. Eine Kirche, die um sich selbst kreist, verfalle einem „theologischen Narzissmus", sagte er. Sie müsse daher ihre geschützten Räume verlassen. „Die Kirche ist aufgefordert, aus sich selbst heraus und an die Peripherie zu gehen. Nicht nur an die geografische Peripherie, sondern an die Grenzen der menschlichen Existenz: die des Mysteriums der Sünde, die des Schmerzes, die der Ungerechtigkeit, die der Ignoranz, die der fehlenden religiösen Praxis, die des Denkens, die jeglichen Elends." Und seit Jorge Mario Bergoglio Papst Franziskus ist, hat er immer wieder in seinen Ansprachen während der Eucharistiefeier in Santa Marta und bei allen möglichen Anlässen dieses selbe Thema angeschnitten und zur Einfachheit, zur Schlichtheit, zum „Aus-sich-Herausgehen und Auf-die-anderen-Zugehen" aufgerufen, ohne Vorurteile, Ausgrenzung und Diskriminierung.

Wir leben in einer Wendezeit. In Amazonien ebenso wie in der römisch-katholischen Weltkirche. Als Bischof am Xingu habe ich schon sehr bald die Mitra abgelegt. Und mein Amt hat keinen einzigen Tag darunter gelitten. Im Gegenteil. Auch das Papstamt leidet nicht darunter, dass Franziskus auf die roten Schuhe und andere Insignien verzichtet und sich nicht in einer Luxusausgabe irgendeiner Luxusautomarke fahren lässt. Der Bischof von Rom ist und bleibt das Zeichen der Einheit, und das nicht nur symbolisch, sondern auch in seiner Gesamtverantwortung für die Weltkirche.

Niemand will weg von Rom. Wir lieben den Bischof von Rom, den Nachfolger des Apostels Petrus, den Papst, der den Auftrag hat, weltweit die Einheit der römisch-katholischen Kirche zu wahren. Das ist auch die Stärke der katholischen Kirche, ihr besonderer Wert, der angesichts der zunehmenden Bedeutung globaler Machtsysteme nicht hoch genug geachtet werden kann. Nur dadurch, dass er für alle 1,214 Milliarden Katholiken und für alle Kontinente sprechen kann, wird der Bischof von Rom zu einer wirkungsvollen, unüberhörbaren Stimme im dissonanten Konzert der Globalisierung. Ein großes, immer noch nicht gelöstes Problem für die römisch-katholische Kirche ist nach wie vor der Ausgleich zwischen Zentralismus und Kollegialität, wie ihn das Zweite Vatikanische Konzil angestrebt hat. Es geht um die Balance: So viel Zentralismus wie notwendig, so viel Entscheidungsfreiheit für die Ortskirchen wie möglich.

Irgendwie denke ich – und das Apostolische Schreiben *Evangelii Gaudium* bestärkt mich in dieser Annahme –, dass Papst Franziskus im Hinblick auf die weltweiten Auswüchse eines menschenverachtenden Kapitalismus eine ähnliche Bedeutung bekommen wird wie Papst Johannes Paul II. im Hinblick auf den seinerzeitigen kommunistischen Ostblock. Das „System Wojtyla" hat diesen unüberwindlich scheinenden Machtkomplex von innen her unterminiert. Der Papst war nicht mit Divisionen angerückt. Der sowjetische Diktator Josef Stalin hatte wohl recht, als er 1945 bei der Konferenz von Jalta die Frage stellte: „Wie viele Divisionen hat der Papst?" Aber die Macht kommt eben nicht nur aus den Gewehrläufen und den Spitzeln der Geheimpolizei, wie Stalin annahm. Der lange Zeit unbesiegbar scheinende Kommunismus im Osten Europas ist untergegangen.

„Du aber stärke deine Brüder und Schwestern" (Lk 22,32). Wir wünschen unserem ersten Papst aus Lateinamerika viel Mut und Kraft im Dienst, den Jesus dem Petrus am Abend vor seinem Leiden aufgetragen hat. Jorge Mario Bergoglio ist im Dienst am Volk Gottes in Buenos Aires groß geworden. In dieser Wendezeit Amazoniens und der Kirche ist Papst Franziskus für mich der von Gottes Geist gesandte Hoffnungsstrahl, der imstande ist, die dunklen Wolken lähmender Verzagtheit zu durchbrechen und die grauen Nebel der Mutlosigkeit aufzulösen.

Altamira, 2. März 2014

Anhang

Lebenslauf

12. Juli 1939:
Geboren in Koblach, Vorarlberg. Nach der Matura Eintritt
in die Kongregation der Missionare vom Kostbaren Blut.
Studium der Philosophie und
Theologie in Salzburg.

3. Juli 1965
Priesterweihe durch Erzbischof
Andreas Rohracher im Dom
zu Salzburg. Im selben Jahr
ausgesendet als Missionar ins
brasilianische Amazonasgebiet,
Prälatur Xingu.

2. November 1965
Am Geburtstag des Vaters
Abschied von der Familie in
Koblach. Am 4. November
1965 an Bord der Emsstein
der Norddeutschen Lloyd mit
dem Ziel Brasilien. Am 18.
November 1965, um vier Uhr
nachmittags in São Luís do
Maranhão das erste Mal brasilianischen Boden betreten.

7. November 1980
Bischof-Koadjutor für die Prä-
latur Xingu, deren Bischof der
Onkel, Erich Kräutler, war.

25. Jänner 1981
Bischofsweihe

2. September 1981
Bischof der Prälatur Xingu. Das
flächenmäßig größte Kirchenge-
biet Brasiliens umfasst 368.086
km^2 und etwa 700.000 Einwohner, davon 10.000 Indios der
Völker Kayapó, Xikrim, Assurini, Araweté, Parakanã, Juruna,
Xipaia-Curuaia und Arara.

Juni 1983
Bei einer Solidaritätsaktion auf
der Transamazônica von der
Militärpolizei festgenommen
und zusammengeschlagen.

1983 bis 1991
Präsident des Rates der Brasilianischen Bischofkonferenz für
die indigenen Völker (CIMI).

1987
Einsatz für die Rechte der
Indios in der Verfassung.
Unterstützt von einer großen
Tageszeitung reagieren die poli-
tisch Mächtigen mit einer Dif-
famierungskampagne gegen den
CIMI und seinen Präsidenten.

16. Oktober 1987
Bei einem inszenierten „Autounfall" schwer verletzt. Der Beifahrer, ein Mitbruder, stirbt. Ein Kleinlastwagen hatte das Auto des Bischofs gerammt.

5. Oktober 1988
Promulgation der neuen Verfassung Brasiliens. Artikel 231 und 232 garantieren die Rechte der Indios.

12. bis 28. Oktober 1992
Delegierter der Brasilianischen Bischofskonferenz (CNBB) bei der IV. Vollversammlung des Lateinamerikanischen Episkopates in Santo Domingo (Dominikanische Republik).

10. Oktober 1995
Mitbruder Hubert wird von zwei Männern im Sozialbüro der Prälatur in Altamira erschossen.

16. November
bis 12. Dezember 1997
Delegierter bei der Synode der Bischöfe der beiden Amerika in Rom.

12. Februar 2005
Die Ordensfrau Schwester Dorothy Mae Stang wird in ihrem 74. Lebensjahr ermordet.

9. November 2006
Erneut Präsident des CIMI.

Seit Juni 2006
Wegen wiederholter Morddrohungen unter permanentem Polizeischutz.

13. bis 31. Mai 2007
Delegierter für die V. Vollversammlung des Lateinamerikanischen Episkopates in Aparecida (Brasilien).

6. Dezember 2010
Auszeichnung mit dem Alternativen Nobelpreis in Stockholm.

Ehrungen und Auszeichnungen (Auswahl)

1988
Auszeichnung mit dem Romero-Preis von SEI SO FREI, der entwicklungspolitischen Aktion der Katholischen Männerbewegung Österreichs. Der Romero-Preis ist Österreichs wichtigste Auszeichnung für herausragendes Engagement in der Entwicklungszusammenarbeit und wird in Erinnerung an den ermordeten Erzbischof von San Salvador, Oscar Arnulfo Romero, jährlich vergeben.

1989
Binding-Preis für Natur- und Umweltschutz der Binding-Stiftung Fürstentum Liechtenstein.

1992
Ehrendoktorat der Sozial- und Wirtschaftswissenschaftlichen Fakultät der Universität Innsbruck sowie Ehrendoktorat der Theologie der Theologischen Fakultät der Universität Luzern.

1993
Ehrendoktorat der Theologie der Universität Bamberg.

2006
Goldenes Ehrenzeichen des Landes Vorarlberg.

2009
Ehrendoktorat der Theologischen Fakultät der Universität Salzburg sowie Großes Goldenes Ehrenzeichen mit dem Stern für Verdienste um die Republik Österreich.

2010
Ehrenbürger der Heimatgemeinde Koblach. (Der bis dahin einzige Ehrenbürger von Koblach war Johann Jakob Flatz, Pfarrer von 1901 bis 1939 und Erbauer der wunderschönen Kirche zum Heiligen Kilian. Erwin war das letzte Kind, das er am 13. Juli 1939 getauft hat. Kurz darauf wurde er von der Gestapo abgeholt und kam nie mehr nach Koblach zurück.)

2013
Ehrendoktorat der Universidade Federal do Pará (Bundesuniversität von Pará). Das erste Mal verlieh diese brasilianische staatliche Universität am 21. März ein Ehrendoktorat außerhalb der Hauptstadt Belém.

Bis 2014
Ehrenbürger beinahe aller politischen Gemeinden am Xingu in Brasilien.